FRUSTSCHUTZMITTEL

DR. ROMAN F. SZELIGA

Frustschutz-
mittel

**Wie Sie es schaffen, alles halb so schlimm
oder doppelt so gut zu finden**

Midas Management Verlag
St. Gallen • Zürich

FRUSTSCHUTZMITTEL

Wie Sie es schaffen, alles halb so schlimm
oder doppelt so gut zu finden

6. Auflage

© 2018 Midas Management Verlag AG
ISBN 978-3-907100-67-7

facebook.com/frustschutzmittel

Dr. Roman F. Szeliga: Frustschutzmittel
Zürich: Midas Management Verlag AG

Lektorat: Stefanie Klief, Nümbrecht
Layout und Satz: Ulrich Borstelmann, Dortmund
Cover: Hauptmann & Kompanie, Zürich
Autorfotos: Christian Husar

Midas Management Verlag AG, Dunantstraße 3, CH 8044 Zürich
Website: www.midas.ch, Mail: kontakt@midas.ch, Social Media: midasverlag

Inhalt

Vorwörtlich genommen

**»Wie Sie es schaffen, alles halb so schlimm,
oder doppelt so gut zu finden!«**

Ich kann es schon nicht mehr hören, sehen oder lesen! Eine negative Schlagzeile jagt die nächste – Meldungen, Probleme, Krisen dominieren unsere Informationswelt. Dieses Buch widmet sich daher den positiven Dingen des Lebens. Was mir gut tut, wie ich Energieräuber erkenne und was ich vor allem selbst zu meinem psychischen Wohlbefinden beitragen kann. Denn ich bin überzeugt: Man muss ins Gelingen verliebt sein, nicht ins Verlieren!

Und dafür sind drei Werte zu meiner Lebenseinstellung geworden: Leichtigkeit, Freude und Humor. Sie tun gut. Bereichern und bewegen.
Wo und wie wir diese drei Lebenselixiere finden und einsetzen können, darum geht's in diesem Buch! Ich zeige Ihnen pointiert und mit einer gehörigen Dosis (Selbst)Ironie, wie Sie den Problemen und *Problemchen* auf den Zahn fühlen können, um dann souverän die Wurzel des Übels schmerzfrei, doch keineswegs scherzfrei, zu ziehen.

Es ist ein sehr persönliches und ehrliches Buch mit Gedanken, Tipps und Tricks zur besseren Kommunikation und Impulsen. Hin zu einer anderen Einstellung zu unserem Tun, was man von anderen lernen, von Kindern wiederentdecken und in jeder Lebenslage selbst ein klein wenig besser machen kann. Eingepackt in humorvolle Zitate, Geschichten und Fakten zum Nach-, Quer- und Umdenken und Weitererzählen.

Ach übrigens: Ich bin Arzt!

Und das mit Leib und Seele. Man muss zwar nicht zum Arzt geboren sein, aber wenn, dann erleichtert es die Sache ungemein. Und als Arzt ist mir nichts Menschliches fremd. Ich kenne unsere Zeitgenossen im wahrsten Sinne des Wortes in- und auswendig. Das macht das medizynische Leben spannend, interessant, verrückt und manchmal auch ziemlich nachdenklich.

Als Arzt Ihres Vertrauens möchte ich Sie persönlich und menschlich durch einige Lebenslagen begleiten – von der Wiege bis zur Waage sozusagen. Für viele Situationen, bei denen Ihnen das Lächeln auf den Lippen zu gefrieren droht, habe ich das passende Frustschutzmittel parat – mit Humor als Heil- statt Heulmittel. Wohl dosiert und nicht verschachtelt, sondern geradeheraus!

Seit vielen Jahren ist für mich der Humor das Antidot zum Ernst des Lebens, der (bio)logische Treibstoff für mehr gute Laune. Humor ist einfach die beste Medizin.

Tagtäglich lernen wir neue »Kurz-Zeit-Lebensabschnittspartner« kennen: im Job, im Supermarkt, beim Sport, im Urlaub und an der Theke der Stammkneipe. Tagtäglich kommunizieren wir darauf los, was das Zeug hält und wundern uns, warum manches nicht so läuft, wie wir's gerne hätten.

Ich möchte Ihnen zeigen, wie Sie es vermeiden können, beidbeinig in die »Kommunikations-Fettnäpfchen« dieser Welt zu tappen oder – wie Sie es elegant und erhobenen Hauptes, aber vor allem mit einem charmanten Lächeln wieder verlassen können und Ihnen dann alle Herzen zufliegen.

Irren Ärzte?

Sicher nicht, und wenn ja, dann geben sie es nicht zu! In diesem Buch werde ich die Ursachen unserer kleinen und großen Kommunikations-Weh-Wehchen *untersuchen*, *durchleuchten* und wenn es notwendig ist, auch mal *sezieren*! Wir werden gemeinsam das »Wohlfühl-Gen« in uns entdecken und es sichtbar machen. Denn jeder von uns hat eines, manchmal an der Oberfläche manchmal tief versteckt. Ich werde Ihnen helfen die typischen *Kinderkrankheiten* eines besseren Miteinander auszumerzen, *Diagnosen* erstellen und *Therapieansätze* vorschlagen. Und ich werde Ihnen Leichtigkeit statt Schwermut *verordnen*. **Allen Ernstes!**

Die Sp(r)itze des Eisbergs

Oft sind es gerade die kleinen kommunikativen Stolpersteine in Form von Gesten, Formulierungen, Bemerkungen, falsch gewählten Worten, die uns scheitern lassen, oder die Ursache für entscheidende Missverständnisse sind. Oft ist es auch mangelndes Zuhören. Zuhören mit den Ohren, aber auch mit dem Herzen. Unsere Einstellung bestimmt unser Verhalten! Daraus folgt: Kleine Verhaltensänderungen ergeben oft große, positive Auswirkungen, die dazu noch unheimlich viel Spaß machen.

Beipackzettel

Und Sie lieber Leser sollen immer sofort wissen, wo's lang geht. Was es Gutes bringt, wenn Sie's tun, und worauf Sie besonders achten müssen, dass es optimal wirkt! Deswegen gibt es einen sympathischen Begleiter durch's Buch, der seit Jahrtausenden weiß, wie es funktioniert, damit es funktioniert.

Darf ich vorstellen: das Endorphinchen

Endorphine, das ist die Kurzform von sogenannten »endogenen Morphine«. Sie sind vom Körper selbst produzierte Hormone, die schmerzlindernd bzw. schmerzunterdrückend wirken.

Endorphine werden unter anderem in unserem Gehirn, in der Hypophyse und im Hypothalamus produziert. Das Endorphinsystem wird einerseits in Notfallsituationen aktiviert: verletzte Menschen verspüren z. B. deswegen zunächst keine Schmerzen, andererseits werden die Endorphine auch bei positiven Erlebnissen wie z. B. Geburten ausgeschüttet, was ihnen den volkstümlichen Namen »Glückshormone« eingebracht hat. Deswegen liebe ich sie ja auch so, diese süßen, kleinen Hormonkuschler mit Soforteffekt.

Die süßeste, frechste und prominenteste Vertreterin dieser Spezies, MEIN ganz persönliches Endorphinchen wird Ihnen immer mal zeigen, für welche Areale in Ihrem tiefsten Inneren Sie jeweils besonders aufmerksam sein müssen, – euphorisierende Wirkungen vorprogrammiert.

Die Endorphinchen:
Herr Endo liebt Zahlen, Daten, Fakten und taucht immer dann auf, wenn es um Wissenschaft, Studien und Tests geht.

Ganz anders das Fräulein Phinchen: Sie liebt Geschichten und Spaß und regt zum Ausprobieren, Nachdenken und Querdenken an.

Herr Endo und Fräulein Phinchen sind die Gute-Laune-Botschafter in diesem Buch. Nicht vergessen: Gegensätze ziehen sich an.

Positives Denken heißt für mich also echte Lust auf Freude, Genuss und Leichtigkeit. Andere Menschen mit der eigenen lebensbejahenden Einstellung anzustecken und mitzureißen – dafür habe ich dieses Buch geschrieben.

Machen Sie sich's also jetzt auf meiner virtuellen Untersuchungsliege bequem, erzählen Sie mir, was ich für Sie tun kann und ich werde mein Bestes geben, Sie gut zu behandeln! ☺

Dann steht jetzt einem Lesevergnügen nichts mehr im Wege! Und genau das soll Ihnen dieses Buch machen: Spaß an der Freude!
I LAUGH TO ENTERTAIN YOU!

Ihr Dr. Roman F. Szeliga

1 Vom Kommunikationslabor in die Lebenspraxis

>»Es gibt nichts Praktischeres als eine gute Theorie«
>E. Kant

Zuerst ziehe ich für Sie den Labormantel an und gehe den Dingen auf den Grund – den Wirkungsweisen von Freude, Leichtigkeit und Humor! Was bewegt uns, was fehlt uns und was ist uns wo verloren gegangen? Welche Studien gibt es und welche Tests und Übungen erleichtern Ihnen den Zugang zu einer Renaissance der legalen Wohlfühldrogen!

> Der Arzt Ihres Vertrauens weiß: Es muss nicht alles im Leben Sinn machen, es kann auch einfach nur Spaß machen! Der Arzt Ihres Vertrauens empfiehlt daher: Wir sollten immer öfter das tun, was wir nicht lassen können!

Die Geheimnisse des Freuens

>»Ich freue mich, wenn es regnet,
>denn wenn ich mich nicht freue, regnet es auch.«
>Karl Valentin

Heute schon gefreut?

Eines ist klar: Es gibt niemanden hier auf Erden, der keine Freude will. Es gibt auch niemanden auf Erden, der keine Freude braucht. Aber es gibt nur sehr Wenige, die das wahre Geheimnis der Freude kennen. Was steckt also hinter dieser emotionalen Wollust, die unser Leben lebenswert macht?

Dazu nachfolgend kurz die unterschiedlichen Aspekte von Freude aus evolutionärer, biologischer und psychosozialer Sicht.

Menschen sind soziale Wesen

Tatsächlich – Menschen sind soziale Wesen und Freude steckt an.

Ein sympathisches Lächeln ist der wirkungsvollste Stimulus, den es gibt. Wer kleine Kinder hat, selbst eines war oder sich gar noch daran erinnern kann, weiß: Lächelt man ein Kind an, so erwidert es dies mit einem Lächeln und lernt extrem schnell aus diesem Verhaltensmuster: *»Ich grinse, – Mami und Papi lächeln dann – und alles ist gut!«*

Es ist kaum möglich auf ein herzerfrischendes Lächeln nicht ebenso zu antworten: Will man also eine zurücklächelnde Reaktion vermeiden, sind viele Hemmungsmechanismen notwendig, und man fühlt sich zudem nicht wohl dabei.

Freude hat mehrere, biosozial bedeutsame Wirkungen auf den Menschen und seine Funktionen. Zwei möchte ich exemplarisch erwähnen:

- Freude erleichtert und verstärkt soziale Ansprechbarkeit und ermöglicht, in sozialen Gruppen zu leben.

- Freude bringt eine große Erleichterung bei negativen Reizen und/oder Emotionen und birgt insofern eine wichtige Funktion bei der Bekämpfung negativer, belastender Stimuli.

Die schlechte Nachricht: So wie die Intelligenz, ist auch die Fähigkeit zur Freude genetisch geprägt und damit von Mensch zu Mensch verschieden. Menschen, die viele »Freude-Gene« vererbt bekamen, werden auch von ihrer Umwelt als glücklicher, erfolgreicher und – aufgemerkt – auch erotischer wahrgenommen.

Die gute Nachricht: Die »Fähigkeit zur Freude« ist somit teilweise angeboren, man kann sie nicht trainieren; wohl aber die Einstellung, sie bewusst und oft erleben zu wollen. Je mehr Freude wir anderen Menschen machen, desto mehr Freude kehrt ins eigene Herz zurück.

Ich kann es deshalb nicht nachvollziehen, wenn sich jemand seine Glücksgefühle für morgen aufhebt. Wer sich heute freuen kann, sollte nicht bis morgen warten. Sondern es dann zusätzlich tun.

Vom Pessi- zum Optimisten

>**»Ein Optimist weiß genau, wie traurig die Welt sein kann, während es ein Pessimist allmorgendlich neu herausfindet.«**

Peter Ustinov hätte es nicht besser formulieren können: Unsere innere Einstellung bestimmt unser Verhalten. Ist sie positiv – manche nennen sie dann Zuversicht – bestimmt das auch die Intensität unserer eigenen Energiequellen.

Der Optimist hat nicht weniger oft unrecht, als ein Pessimist, lebt aber froher, weil er sich freuen kann. Freude ist das Maß für die kleinste positive Zeiteinheit im Leben eines Menschen.

Und es gibt überall schöne Dinge für den, der sie sehen will. So wie das bloße Teilen von Erlebnissen mit jemandem, den man liebt, große Freude auslöst. Außerdem: Wer Freude schenkt, macht zwei Menschen reicher!
Wenn uns das Freuen auf allen Ebenen so gut tut, warum tun wir Menschen es dann so selten?

Einer der Gründe ist eine so große Erwartungshaltung, dass die Realität nicht mithalten kann. Ein Lösungsansatz könnte daher sein: Wenn wir uns offen und frei mit geringerer Erwartung auf eine neue Erfahrung einlassen, ist die Wahrscheinlichkeit höher, dass wir angenehm und freudig überrascht werden, als wenn wir einem Ereignis mit einer sehr hohen Erwartung entgegenblicken. Und auch das kennen Sie bestimmt: Wir erleben oft das, was wir erwarten: *»Na klar, wie immer – hier gibt es keine Parkplätze«* oder *»Natürlich hat mich mein Chef wieder ignoriert«* usw.

Gleichzeitig konzentriert sich unsere Wahrnehmung mit destruktiver Begeisterung darauf, Beweise dafür zu sammeln, dass unsere (negativen) Erwartungen begründet waren: »*Wir haben's ja eh immer schon g'wusst!*«

Erwarten wir etwas Negatives, finden wir meist auch leicht Beweise dafür. Also nächstes Geheimnis: Negative Erwartungshaltung ist keine artgerechte Haltung! Geben wir dazu den Energievampiren in unserem Umfeld immer weniger Raum.

Es geht nämlich auch umgekehrt.

> *Freude heißt auch dafür »bereit sein«. Das kleine, feine, zarte Wunder liegt oft so nah!*

Der Arzt Ihres Vertrauens ist beeindruckt: Scheinbar sind die physikalischen Gesetze schuld an Depressionen. Die Schwerkraft zieht demnach alle so runter!

Der Kontrapunkt zur Freude ist die Trauer. Und warum der Mensch als einziges Lebewesen überhaupt in der Lage ist zu weinen, darauf kennt die Wissenschaft noch keine ausreichende Antwort. Favorisiert wird die Theorie, dass Tränen einen kommunikativen Auftrag haben: Wir machen andere auf uns aufmerksam, rufen zu Mitleid und Hilfsbereitschaft auf oder aber appellieren, die Freude mit uns zu teilen. Was man aber sicher weiß: Freude und Traurigkeit liegen auch physiologisch eng beisammen. Es sind die einzigen Emotionen, die gleich intensiv Tränenfluss auslösen können. Für die Zahlenfreaks unter den geschätzten Leserinnen und Lesern:

Der Mensch produziert 70 Liter Tränenflüssigkeit in seinem Leben – den größten Teil, um das Auge sauber zu halten. Dafür reichen ein bis drei Milliliter/Tag.

Tränen lügen nicht. Und wer weint, ist traurig. Das haben wir seit
frühester Kindheit abgespeichert. Von wegen! Glückstränen sind
Perlen der positiven Emotion.

Bestimmt haben Sie selbst schon erlebt, dass der Anblick eines
weinenden, Ihnen nahestehenden Menschen, Sie selbst zu Tränen
rührt, obwohl Ihre subjektiv empfundene Trauer viel geringer ist.
Mit positiven Emotionen, wie Freude oder Humor ist es ähnlich.
Der Grund dieses Phänomens liegt in unseren Spiegelneuronen.

Spiegelneuronen, auch Simulations- oder Empathieneuronen genannt, sind ein cleveres Resonanzsystem im Gehirn, bestehend aus
hoch spezialisierten Nervenzellen, die Gefühle, Emotionen und
Stimmungsschwankungen anderer Menschen vom Empfänger erkennen lassen.

Wir beobachten ein emotionales Verhalten, und unsere neuronalen
Netze reagieren genauso, als ob man das Gesehene selbst ausge-
führt hätte. So wird aus uns ein mitfühlendes Wesen. Wir werden
förmlich von dem Gefühl des anderen »angesteckt«, treten mit ihm
emotional in Einklang.
Ja, solche »Ansteckungskrankheiten« liebt Ihr Arzt des Vertrauens.
Freut sich also ein Mensch sicht- und spürbar, freuen wir uns mit.
Lächelt uns wer an, lächeln wir zurück.

Gleichzeitig vergewissern wir uns durch Vergleich-Updates in unserer zerebralen Verhaltensdatenbank, ob die empfangenen Gefühle, die wir wahrnehmen, beim anderen auch echt sind.

Dies bedeutet, dass unsere Spiegelneuronen nicht nur reagieren
und aktiv sind, wenn wir selbst Ärger, Trauer, Schmerz oder Freude
erfahren, sondern auch, wenn wir diese Empfindungen bei jemand
anderem bloß wahrnehmen.

Spiegelneuronen funktionieren unbewusst. Wir können diese leider nicht kontrolliert einschalten wie einen Mixer oder starten
wie unser Auto, geschweige denn logisch und konkret steuern.
Für unser alltägliches Zusammenleben ist das Funktionieren der

Spiegelneuronen unentbehrlich, ohne sie ist ein Miteinander und Verstehen von Menschen undenkbar.

Zusammengefasst: Freude hat eine unglaubliche Wirkung auf Menschen. Alle Informationen, Reaktionen und Wahrnehmungen, die wir im Zustand der Freude aufnehmen, empfinden wir als angenehm und geben diese Energie bewusst und unbewusst wieder an unser Umfeld ab. Wir sehen das Leben, die Umwelt durch eine gesunde »rosarote Brille«: Der Rasen erscheint grüner, die Sonne strahlt heller, und sogar das andere Geschlecht wirkt auf einmal viel schöner. Interessanterweise funktioniert das auch beim eigenen Partner... ☺

Die Freude verändert aber auch unsere Wahrnehmungssysteme: Sie lässt den Menschen toleranter, gelassener und freizügiger erscheinen. Richtige Freude entsteht immer dann, wenn man etwas spielerisch tun kann: Spielerisch genießen oder lieben, spielerisch beobachten und arbeiten. Freude ist eine Liebeserklärung an das Leben.

Die Neurowissenschaftlerin Tali Sharot, die viele interessante Studien zu diesem Thema gemacht hat, kommt letztendlich zu dem Schluss: »Das optimistische Hirn, scheint irgendwie imprägniert zu sein. Negative Informationen nimmt es offenbar aus Prinzip nur flüchtig zur Kenntnis. Zum eigenen, egoistischen Wohle und zur Krankheitsprävention blendet es negative Impulse einfach aus und schaltet auf den Stand-by Modus, um sich seine positive Einstellung nicht nehmen zu lassen.«

Wie bekommt man Hoffnung oder positive Gedanken, wenn man sie gerade nicht hat?

- Rufen Sie sich positive Erlebnisse oder Situationen in Erinnerung, wo Sie stark und erfolgreich waren und die Welt am liebsten umarmt hätten. Nutzen Sie Ihr cleveres Gedächtnis. Es schönt und verdichtet im Rückblick und merkt sich detailliert stimmige Geschichten mit Höhepunkten und einem guten Ende. Woran erinnern wir uns bei unseren Kindern? An das erste Lächeln, die tollen Momente des Größerwerdens, die lustigen Erlebnisse der gemeinsamen Urlaube. Aber die meiste Zeit haben wir Windeln gewechselt, Schulnoten kritisiert und hinter ihnen hergeräumt. ☺ Nutzen wir also diesen »Sonnenschein – Speicher« für traurige Tage!

- Treffen Sie sich mit dynamischen, sympathischen und vor allem fröhlichen Menschen, und lassen Sie sich von deren guter Laune anstecken!

- Meiden Sie im gleichen Zug den Kontakt zu Menschen, die Sie emotional belasten oder noch weiter in Ihrer Stimmung herunterziehen.

- Lassen Sie »üble Stimmung« nicht mit sich geschehen, machen Sie nicht andere für Ihre Situation verantwortlich, auch wenn es manchmal so scheint. Werden Sie aktiv in Ihrem Handeln, verlassen Sie die hemmende Passivrolle, und kommen Sie aus Ihrer Herz- & Schmerzhöhle heraus! Aktives Handeln heißt, sein Leben zu kontrollieren. Und wer möchte das nicht gerne?

- Verfassen Sie Ihr ganz persönliches »Motivations- und Gute-Laune-Tagebuch«, in dem Sie sich mindestens drei positive motivierende Ereignisse des Tages notieren. Auch ein Brief (es kann auch eine E-Mail sein, denn wer schreibt heute noch Briefe) an einen Menschen, der einem viel bedeutet oder etwas Nettes für Sie getan hat, steigert das eigene emotionale Selbstwertgefühl enorm.

Vieles gelingt einfach besser, wenn man froh und freudig an eine Sache herangeht. Und für das Thema »Gesund bleiben« gilt es sowieso! Wer glaubt, dass ein Vorhaben gut ausgeht, bemüht sich mehr, und die Prophezeiung erfüllt sich dann oft selbst. Sie wollen sich ja nicht selbst enttäuschen, oder?

Selbstverständlich spielt die Lebenserfahrung eine entscheidende Rolle, was jemand von der Zukunft erwartet. Wer bereits erlebt hat, dass Bemühung sich lohnt, ist zuversichtlicher und glaubt auch eher, dass er sein eigenes Schicksal in der Hand hat.

Nun, eines ist klar: Optimisten gehört die Welt. Zu Tode gefürchtet ist auch gestorben! Ein großer Teil unserer Zuversicht ist also angeboren, wir müssen nur etwas daraus machen!

Und das letzte Geheimnis für emotionales Wohlfühlen mit Nachhaltigkeit, das ich Ihnen verraten möchte, ist wahrscheinlich gar keines: Man muss immer etwas vor Augen haben, worauf man sich begeistert mit Herz und Seele freut. Das verschafft uns ein sinngebendes, kraftvolles und bereicherndes Leben.

Und: Ich kenne kein Gerücht, das besagt, dass in den letzten 500 Jahren jemand vor lauter Freude gestorben ist.

Als Arzt und Humorexperte empfehle ich Ihnen von Herzen: »Nehmen Sie das Leben generell nicht so ernst, Sie kommen ohnehin nicht lebend raus!«

Kennen Sie das häufigste Lachen? Es ist das sogenannte Verbindlichkeitslachen. Ein harmloses Anlachen mit flüchtigem Blickkontakt. Stünde uns dieses Interaktionslachen nicht zur Verfügung – wir würden uns täglich kommentarlos den Schädel einschlagen.

Mehr Leichtigkeit für alle!

Das Leben leicht nehmen, die Leichtigkeit des Seins, leicht hat man's nicht, aber leicht hat's einen, leicht macht man's sich ... aber wie? Die Liste der »leichten Spruchweisheiten« ist lang. Doch beherzigen wir diese auch?

Wir sortieren täglich ungefähr 65.000 Gedanken in unserem Kopf und denken oft immer wieder dasselbe.

Studien zufolge sieht unsere Gedanken – Chartliste wie folgt aus:

* Ängste/Sorgen   37 %
* Ärger   23 %
* Lust/Freude/Leidenschaft   22 %
* diverse andere Gedanken   18 %

Plakativ gesagt heißt das: Wir denken jeden Tag ca. 39.000-mal an Ängste, Sorgen oder Ärger auslösende Faktoren!
Hallo, wie krank sind wir? Das ist doch beängstigend!

Wie können wir für uns persönlich die Statistik Lügen strafen und unsere positiven Gedanken in den Vordergrund rücken? Wie kommen wir zum leichten motivierenden Denken zurück, das wir bei unseren Kindern so bewundern?

Man kann nämlich auch **positive Gedanken** und schöne Gefühle kultivieren, wenn man eingesehen hat: Sich in negativen Gedanken zu verlieren, lohnt sich nicht.

Das Zauberwort heißt: Leichtigkeit!

Doch was genau ist dieses Antidot zur Schwermut?

Es ist meiner Meinung nach eine Mischung aus dieser positiven Lebenseinstellung, mentalem Training und der Vermeidung von Energieräubern, die in Kombination den Begriff »stimulierender Optimismus« prägen.

Was alles mit positiver Stimmung auch in scheinbar ausweglosen medizinischen Situationen möglich ist, habe ich selbst in den vielen Jahren meiner Tätigkeit bei den CliniClowns miterleben dürfen. An anderer Stelle des Buches (Seite 128) möchte ich mit Ihnen sehr gerne ein paar wunderschöne, berührende und prägende Erlebnisse aus diesem Projekt teilen.

Eines vorweg:
Hoffnung und positives Denken mobilisieren nachweislich unsere Selbstheilungskräfte, bejahendes Denken führt zu realen und messbaren Veränderungen in unserem Körper. Ebenfalls zeigen viele Studien, dass permanent schlechte Stimmung, negative Grundhaltung und pessimistische Weltanschauung, die auch schön gepflegt und nahezu kultiviert wird, die Depression und das Ausbrechen von anderen Krankheiten fördern.

Positive und optimistische Gedanken hingegen stimulieren unser Immunsystem. Sie machen uns stärker, dynamischer und gesünder. Langjährige Studien beweisen, dass durch diesen starken Glauben an sich selbst, Krankheitsverläufe verkürzt oder die Aufenthalte in Spitälern deutlich reduziert werden können.
Diese positiven Gedanken können wir uns selbst mindestens sechsmal täglich verordnen. Wir brauchen keinen Arzt dazu. Sie können trainieren, negative Gedanken *wegzudenken* und sie sich außerdem **»Erschlafen«:**

Dass ausreichend Schlaf generell gesund ist, wissen wir. Wie wichtig er aber für unsere positive Stimmung und unsere Humorfähigkeit ist, haben Wissenschaftler rund um Ashley Merryman herausgefunden. Je besser und tiefer (mit einer Mindestdauer von 7,2 Stunden) die untersuchten Personen geschlafen haben, desto signifikant mehr positive Versuchsworte konnten die Probanden am Morgen wiedergeben!

Wir sind in der Lage, unsere Wahrnehmung zu steuern.
Sie können:

- ganz fokussiert Ihre Gedanken dem »Heute« zuwenden.
Denken Sie bewusst in der Gegenwart und verschieben Sie so alle
potentiell negativen Gedanken auf morgen.

- Ihre Gedanken von gestern einfach mal in der Vergangenheit abgeben.

- sich immer wieder ganz bewusst ausmalen, wie die gewünschte,
POSITIVE Gedankenwelt und zukünftige Situation sein soll.

Ähnlich sieht es der Psychotherapeut Rich Hanson aus San Rafael
in Kalifornien. Er sagt: »Mit fokussierten Übungen und Verhaltensmodifikationen können wir über einen längeren Zeitraum unser Gehirn derart verändern, dass es mehr zum Positiven als zum Negativen neigt.«

Ich denke mal, mit diesen Ansichten haben wir gute Aussichten! ☺

Was nimmt uns unsere Leichtigkeit?

Mal ehrlich, wir kennen doch alle diese Momente, da wir bereits
früh am Morgen wissen: Heute wird ein bescheidener Tag! Sollten
wir da nicht besser liegenblieben?

Was sind unsere Leichtigkeitskiller? Die Kündigung, der Totalschaden des neuen 911er? Der fremde Mann im Schlafzimmerschrank?

Entgegen der allgemeinen Annahme, es seien Elementarereignisse,
die uns emotional aus der Bahn werfen, sind es vorwiegend die
kleinen Ärgernisse und Unzulänglichkeiten, über die wir uns im
täglichen Leben aufregen. Das versetzt uns in Disstress und löst
Unwohlsein aus.

Viele Menschen behandeln diese vermeintlich kleinen Stresstrigger genauso wie wirklich negative Anzeichen einer Veränderung, wie etwa eine unerwartete Entlassung, die plötzliche Nachricht über eine schwere Krankheit oder einen existenzbedrohenden finanziellen Verlust.

Unser Alltag ist voll von kleinen Ärgernissen, und wenn wir die schädliche Wirkung dieser Stresssituationen ignorieren, fordern diese ab einem gewissen Punkt ihren Tribut.

Die Folge: Verlust der motivierenden Leichtigkeit, Frustration, Aggression (gegen sich und andere) und letztendlich auch psychische und physische Symptome und Krankheitsbilder. Die Wirkung dieser »kleinen« Stress-Sensoren ist also dramatischer, als die vereinzelten großen Stressbelastungen. Und je mehr es von diesen täglichen »Aufregern« gibt, desto unglücklicher sind die Menschen.

Am schlimmsten in diesem Zusammenhang sind – ähnlich wie in der Medizin – die chronischen Ereignisse, die wir zwar irgendwann als Teil unseres Lebens akzeptieren, aber die dennoch unsere Leben systematisch negativ beeinflussen:

- der morgendliche Verkehrstau
- die Warteschlange beim Bäcker
- der ewig missgelaunte Busfahrer
- der sich aufspielende Portier in Ihrem Unternehmen
- der Nachbar mit seinem bellenden Zwergpinscher, der Ihnen immer wieder provokant an Ihr Auto pinkelt

Ärgern für Fortgeschrittene

Gehen wir davon aus, Sie gehören nicht zu den gefühls-
betonten Hypochondern, die sich nur gut fühlen, wenn sie sich
schlecht fühlen! – Wie können Sie es dann ändern?

- Machen Sie sich ärgerliche Situationen bewusst. Ob man sich ärgert, kann man
nicht immer beeinflussen, dennoch ist es wichtig dieses Gefühl nicht passiv
über sich ergehen zu lassen. Übernehmen Sie stattdessen die Kontrolle, indem
Sie es bewusst wahrnehmen. Lassen Sie den Ärger auch ruhig mal lautstark
heraus. Und ansonsten habe ich eine gute Nachricht für Sie: Bei den meisten
Menschen löst sich dicke Luft in weniger als 30 Minuten in ebensolche auf.
Mein lieber Freund und Kollege Michael Rossié meint hier pointiert dazu:
»Wenn Sie sich einmal so richtig ärgern wollen, dann weg von lebenden
Menschen.«

- SIE, und sonst niemand entscheidet, wer Sie wann, wie und warum ärgern
darf und wer nicht. Sie werden sehen, durch diesen mentalen Perspektivwechsel werden Sie ein paar unliebsame Zeitgenossen in das emotionale
Exil verbannen!

- Kultivieren Sie Ihren Ärger nicht. Einen geschehenen Fauxpas kann man
nicht rückgängig machen. Vergangenheit ist nicht änderbar! Sich über frühere Fehler immer wieder zu ärgern, ist daher schlicht und einfach dumm.
Wenn Sie es allerdings schaffen, die unvorsichtigerweise verspritzte Zahn-
creme wieder zurück in die Tube zu bekommen, dann lassen Sie es mich
bitte wissen!

- Das Zauberwort lautet Umformung! Es meint die bewusste Veränderung der
Sichtweise. So wird aus Anspannung Entspannung, aus negativen Gedanken
positive, aus Pessimismus Optimismus. Aus Entfremdung wird Nähe, aus
Missvergnügen ein Vergnügen und aus Ärger kann sogar Freude werden!
Wie das geht? Stellen Sie sich einfach immer die Frage: Was ist das Positive
daran?

Beispiele:

»Der Regen verhindert meinen geplanten Radausflug!«
Umformung: »Mein neu angelegter Garten bekommt viel notwendiges Wasser
für eine herrliche Blütenpracht.«

»Ein langjähriger Mitarbeiter verlässt mein Unternehmen.«
Umformung: »Mit einem neuen, jungen Kollegen kann ich das innovative Projekt
jetzt besser umsetzen!«

Humor ja, aber wie?

Warum schenken wir gerne ein Lächeln weiter und was macht es mit uns?

Beginnen wir mal dieses Unterkapitel mit DEM Symbol für gute Stimmung und Humor – dem Emoticon ☺

Frauen verwenden es durchschnittlich 2.555-mal, Männer 1.460-mal im Jahr in ihrer virtuellen, digitalen Kommunikation.

Der Ursprung und die älteste, belegbare Verwendung des Smileys gehen auf den amerikanischen Werbegrafiker Harvey Ball zurück. Er zeichnete im Dezember 1963 zwei Punkte und einen gebogenen Strich in einen gelben Kreis. Balls Auftraggeber war die Versicherungsgesellschaft State Mutual Life Assurance Co. of America, die mit Anstecknadeln das Betriebsklima heben wollte. Ball erhielt für den Entwurf 45 Dollar. Das Zeichen wurde rechtlich nicht gesichert. Besser machte es der französische Journalist Franklin Loufrani mit seinem modifizierte Smileylogo. Die damit verdienten Millionen haben Herrn Ball das Lachen wohl gründlich verdorben.

Darauf basierend hatte dann vor mehr als 30 Jahren der US-Informatiker Scott E. Fahlman das Ur-Emoticon und seinen negativen Gegenpart ☹ erfunden, um witzig und traurig gemeinte Textpassagen zu kennzeichnen. Und diese Emoticons haben seit damals unser Gehirn verändert. Wissenschaftler sprechen von einer »kulturell bestimmten neuronalen Reaktion«, da das Gehirn sehr sensibel auf Emoticons reagiert und sie genauso verarbeitet wie ein echtes, menschliches Gesicht!

Ein Forscherteam um Owen Churches von der Flinders University im australischen Adelaide hat herausgefunden, dass unser Gehirn Smileys wie Gesichter verarbeitet! Da es nur eine Folge von typografischen Zeichen ist – weder die Klammer noch der Doppelpunkt sehen wie die Gesichtszüge aus, die sie repräsentieren – gingen die Neurowissenschaftler davon aus, dass das Symbol im Gehirn ganzheitlich, »konfigural« verarbeitet wird. Das heißt: Das Gehirn setzt das Gesicht nicht aus einzelnen Zügen zusammen, sondern erkennt sozusagen auf einen Schlag, dass das Smiley für ein Gesicht steht.

In einer Versuchsanordnung haben die Forscher 20 Probandinnen und Probanden Porträtfotos von lächelnden Männern und Frauen gezeigt und gleichzeitig mit einem Elektroenzephalogramm (EEG) ihre Gehirnaktivität gemessen. Dabei war neben bedeutungslosen Zeichenfolgen auch das Smileysymbol ☺ in unterschiedlichen Schriftarten. Das Ergebnis: Die EEG -Ableitungen zeigten sich nahezu identisch bei den realen lachenden Gesichtern und jenen des freundlichen Smileys. Das seitenverkehrte Smiley ☻ wurde jedoch nicht als Gesicht erkannt, da es einerseits nicht so oft verwendet wird und sich andererseits das Gehirn »weigert« negative Piktogramme zu speichern.

Wenn unser Gehirn so intelligent ist, zwei Pünktchen und eine vertikale Kurve zu einem menschlichen, freundlich lächelnden Gesicht zu verarbeiten, sollten wir doch mit einem echten Lächeln noch viel mehr auslösen können, oder?

Wo ist dieser Humor zu finden, wie können wir ihn für unser Leben nutzen und wer hat überhaupt den Ernst erfunden? Wir wünschen uns mehr Humor in unserem Leben, wissen aber oft nicht, wie wir ihn gestalten können.

Stattdessen kultivieren wir die schlechte Stimmung und geben vor, selbst nichts in unserer Gesellschaft verbessern oder Positives beigetragen zu haben! Das System sei eben schuld, die Krise, die schlechte Wirtschaftslage. Um Ausreden sind wir ja nie verlegen. Doch wir gehen sogar noch einen Schritt weiter und lügen uns mit dieser schlechten Stimmung in die eigene Tasche. Dabei wäre es so einfach darüber zu schmunzeln, vielleicht gar zu lachen als andauernd darüber zu jammern.

In vielen Studien (hier ist einer der Protagonisten Prof. W. Ruch und sein Team von der Abteilung für Persönlichkeitspsychologie an der Uni Zürich) hat sich eines imposant gezeigt: Das gezielte

Training von Enthusiasmus, Neugier, Optimismus, Dankbarkeit und vor allem Humor steigert die Lebenszufriedenheit am meisten.

>>**Ich habe keine besondere Begabung,
sondern bin nur leidenschaftlich neugierig.**<<

Weise Worte von einem, der damit sehr gut gefahren ist: Albert Einstein war nicht nur ein neugieriges Genie, obwohl er in der Schule eine Klasse zweimal besuchen musste, sondern auch ein sehr humorvoller Mensch. Seine skurrilen Studententests, seine Bonmots und seine witzigen Zitate sind legendär.
Er sagte einmal: *>>Ein Wissenschaftler, der keinen Humor versteht, wird es nie zu etwas bringen. Sie glauben gar nicht, wie viel Spaß mir mein Scheitern macht!<<* Die Neugier und die Suche nach versteckten Geheimnissen und neuen Grenzen sind also wichtige, erste Parameter für eine entstehende Witz- und Humorkultur. Und das kann man sogar trainieren:

- Probieren Sie ganz bewusst ein neues, exotisches Restaurant aus, das in den Gastrokritiken sehr polarisierend bewertet wurde, und machen Sie sich selbst ein Bild.

- Besuchen Sie das Theaterstück eines modernen Schriftstellers.

- Gehen Sie in einen extravaganten Film, der vielleicht nicht gleich an oberster Stelle Ihrer cineastischen Hitliste gestanden hätte.

- Fragen Sie bei der nächsten Party Menschen ganz gezielt nach ihren Hobbys.

- Starten Sie zuhause ein neues Kochrezeptexperiment mit Lebensmitteln, die Sie noch nie verwendet haben.

UND FÜR MUTIGE:

- Borgen Sie sich die fetzigsten Klamotten Ihres 20-jährigen Sohnes und versuchen Sie als 50-jähriger in eine unter 30-Party eingelassen zu werden.

- Wenn Sie ein fitter Mensch sind, schlüpfen Sie doch mal in einen *Fatsuit* und genießen Sie einen ganzen Tag mit 25 kg Übergewicht. Ich verspreche Ihnen, der nächste Schweinsbraten schmeckt dann ganz anders …

- Fordern Sie eine Runde Punks zum Trivial Pursuit heraus

- Rufen Sie in der Umkleidekabine bei Peek & Cloppenburg nach dem Toilettenpapier und warten Sie gespannt, was passiert...

> Der Arzt Ihres Vertrauens weiß: Es gibt Leute, die sind so alt wie ich, aber erwachsen. Man muss so aufpassen im Leben!

Sind Sie schon neugierig genug, dann gehen Sie weiter auf Ihrem Humor-Trainingsweg, und der führt über die eigenen, humorvollen Lebensbausteine.

Denn ebenso wie die oben beschriebene Neugierde kann man auch alle anderen »Positiv Booster« trainieren, d. h. sich bewusst auch über kleine Dinge, Augenblicke und Erkenntnisse freuen. Dankbar sein für schöne Augenblicke und bewusst das Motivierende, Aufbauende, Verrückte, Witzige in Situationen und Tatsachen suchen.

Follow Up Studien haben gezeigt, so berichten die Wissenschaftler rund um Prof. Ruch weiter, dass z. B. nach einem achtwöchigen Humortraining sowohl der Sinn und die Wertigkeit für Humor als auch die Lebenszufriedenheit deutlich erhöht waren und diese positive Stimmung auch noch zwei Monate nach dem Trainingsprogramm anhielt.

Fazit: Je mehr wir gezielt positiver und humorvoller unser Leben gestalten und dies auch (mit anderen) üben, desto mehr polt unser Gehirn von Schwermut und Frustration auf Leichtigkeit und gute Laune um.

Kleines Humortraining! (dauert keine acht Wochen)

1. Humorstudium

Beobachten Sie einige Wochen, worüber Sie sich selbst und andere Menschen amüsieren. Formulieren Sie Ihre Beobachtungen und halten Sie sie schriftlich fest! Insbesondere Freunde, Kunden und enge Mitarbeiter sind hier gute »Versuchsobjekte«. Wenn Sie diese Übung konsequent durchführen, verändert sich rasch der Fokus Ihrer Wahrnehmung: Sie werden intuitiv feststellen, wann, wie und worüber Sie selbst und Ihre Mitmenschen lächeln, schmunzeln, grinsen oder lachen und können es dann für sich bewusst einsetzen. Achten Sie dabei nicht nur auf die Worte. Auch die Betonung, der Klang, die Mimik und die Gesten, mit denen eine humorvolle Geschichte oder ein Witz erzählt wird, sind dabei sehr wichtig.

2. Humorgedächtnis

Entspannen Sie sich und denken Sie an die Situationen Ihres Lebens, in denen Sie herzhaft gelacht oder auf andere Art besonders witzig, spielerisch und humorvoll reagiert haben. Machen Sie sich alle Facetten dieser besonderen Erlebnisse bewusst: Wie genau fühlten Sie sich damals? Was kennzeichnete diese besondere Atmosphäre?

3. Humorressourcen

Entwickeln Sie sich eine »Humordatenbank«! (Ich selbst sammle seit ca. 25 Jahren alles, was ICH PERSÖNLICH irgendwie witzig oder amüsant finde.) Sammeln und archivieren Sie, was Sie zum Lachen bringt: Sprüche, Pointen, Wortspiele, Redewendungen, Kurzgeschichten, ebenso wie Ihre Lieblingsbücher, CDs und Videos. Vorbild dafür ist der große Rudi Carell: »Man kann nur Witze aus dem Ärmel schütteln, wenn man sie vorher hineingegeben hat.«

4. Humorvolle Übertreibung

Konzentrieren Sie sich auf ein kleines alltägliches Problem. Beschreiben Sie zunächst ernsthaft, was Sie stört oder belastet und versuchen Sie es dann mal mit maßloser Übertreibung. Ja, werden Sie dramatisch! Machen Sie aus einem kleinen Maulwurfshügel einen riesigen Berg! Übertreiben Sie nicht nur mit Worten, sondern auch mimisch und gestisch und steigern Sie sich ganz bewusst hinein. Diese psychotherapeutische Methode nennt man paradoxe Intervention. Sie nimmt den Dingen die Dramatik und ermöglicht eine festgefahrene Denkweise oder einen limitierenden Glaubenssatz zu »erschüttern«. Wer über das eigene Verhalten lacht, wird immer gelassener im Umgang mit seinen Problemen. Wenn diese Technik funktioniert, dann können Sie es auch einmal bei größeren Problemen versuchen bzw. einsetzen.

5. Humororte

Versuchen Sie sich so oft wie möglich an einem entspannenden Wohlfühlort mit positiv denkenden Menschen auszutauschen. Formen Sie z. B. einen bestimmten Aufenthaltsraum an Ihrem Arbeitsplatz zur Smilezone um, in der schlechte Stimmung keinen Platz hat. Warum nicht die Kaffeeküche zur »Nichtraunzerzone« erklären oder den Kopierraum *humor*ganisieren. Vielleicht eine mobile Humorbar etablieren: Statt Snacks, Süßigkeiten und Cola gibt es auf dem umgebauten Cateringwagen, der regelmäßig durchs Office tourt, die besten Jokes, die witzigsten Comics, die neuesten Wortwitze und die verrücktesten Geschichten zu »kaufen«. Und natürlich Lachgummi und Kichererbsen! ☺

Vom Miesepeter zur Zufriederike? Wie man gute Laune produziert!

Humor statt Tumor? Die Genforschung macht auch beim Humor nicht halt. Die schlechte Nachricht: Nach heutigem Stand der Wissenschaft ist er jedoch nicht vererbbar!

Theoretisch könnte jeder Gags und Witze verfassen, egal ob die Eltern notorische Spaßbremsen waren oder sind. Talent schadet da zwar nicht, aber es hilft nur für die Geschwindigkeit. Das meiste ist Technik, mit der man das Verfahren beherrscht, schnell zu einer Pointe zu kommen.

Es gibt so viele lustige Menschen auf der Welt. Der kleinste Teil davon steht auf der Bühne, während die Mehrheit in den Wohnzimmern sitzt und Familienfeste unterhält. Aber sind das gleich Humoristen, Comedians, Entertainer? Oder vielleicht einfach nur gute Witzeerzähler? Humor ist eine Charaktereigenschaft, die im Wesen der Person begründet ist. Hier zählt auch der Instinkt. Während der Witz quasi ein in Form gegossener Humor ist. Deshalb ist Humor persönlicher und der Witz allgemeiner. Und guten, mitreißenden Humor, kann man gezielt entwickeln.

So haben britische Wissenschaftler in der wahrscheinlich schrillsten Studie der Welt erforscht, wie unser Sinn für Humor entsteht. Das

Forscherteam ergründete das Witzverständnis von 127 weiblichen Zwillingspaaren. Mehr als die Hälfte von ihnen waren eineiige Zwillinge, besaßen also identisches Erbgut. Diese mussten lustige Comics beurteilen. Gäbe es ein charakteristisches Witze-Gen, hätten die Geschwister über dieselbe Comicpointe lachen müssen. Das war nicht immer der Fall. Daraus schließen die Wissenschaftler, dass unser Sinn für Humor von Umweltfaktoren geprägt wird. Unsere Affinität zu Jux, Scherzen und Tollerei ist wirklich angelernt und nicht genetisch determiniert.

Und doch gibt es so etwas wie ein Lachzentrum in unserem Gehirn, welches man gezielt *erregen* kann. Dean Shibata von der University of Rochester im Bundesstaat New York berichtete auf dem Kongress der nordamerikanischen Radiologischen Gesellschaft, dass, »*ein kleiner Teil des Stirnlappens dafür verantwortlich zu sein scheint, dass wir Witze letztlich auch verstehen*«.

Seine Untersuchungen zeigten, dass beim Betrachten von Comics oder Lesen von Witzen, der untere Teil des Stirnlappens besonders aktiv war. Wenn die Versuchspersonen dagegen lediglich Gelächter hörten und innerlich mitlachten, wurde eine Stelle im oberen Bereich des Stirnlappens angeregt. Das legt die Vermutung nahe, dass dieser Stirnlappen, der frontale Part der Großhirnrinde, den Menschen überhaupt erst klarmacht, was lustig ist.

Barbara Wild, eine weitere führende Expertin auf diesem Gebiet, hält auch noch andere Hirnareale für die menschliche Humoraktivität als ursächlich verantwortlich: Sie fand heraus, dass gleich mehrere Regionen beteiligt sind, die wie ein Schaltkreis funktionieren, damit ein Lachen oder Lächeln ausgelöst wird. Im Hinterhauptlappen z. B. sitzt die Region, die die Absicht des anderen erkennt, einen Witz zu erzählen und nicht nur eine Geschichte oder ein Erlebnis. Dieses Auflösen von pointierten Unstimmigkeiten, die ja Witze oft komisch machen, übernimmt wieder der Stirnlappen, der dafür sorgt, dass die Pointe erkannt und der Witz verstanden wird. Im Hirnstamm wird anschließend das Lachen angestoßen, indem die Gesichtsmuskeln aktiviert werden.

Ziemlich komplex also, was sich da in unserem Denkapparat alles abspielt, wenn Sie folgende Witze lesen:

Ein Elefant sieht einen nackten Mann und sagt: «Armer Kerl, wie willst du je satt werden?«

»Herr Doktor, irgendwie bin ich in letzter Zeit so vergesslich.«
»Wie äußert sich das denn?«
»Was denn?«

Die bildhübsche Studentin zum Professor: »Glauben Sie mir, ich würde alles tun, um diese Prüfung zu bestehen. Ich meine wirklich alles.« Der Professor hakt nach: »Wirklich alles?« sie beugt sich zu ihm und blickt ihm tief in die Augen, wobei sie haucht: »Alles.« Da fragt er im Flüsterton: »Würden Sie lernen?«

Sie fanden's witzig oder gar nicht lustig? Ok, ich finde jeder Mensch hat eine zweite Chance verdient:

»Treffen sich zwei Rosinen in der Bäckerei. Plötzlich setzt die eine Rosine einen Helm auf. Fragt die andere: »Warum setzt du denn einen Helm auf?« Sagt die Rosine mit dem Helm: »Ich muss gleich noch in den Stollen.«

Er passt in die Kategorie »Witz mit grotesken Elementen« und funktioniert besonders gut in bereits ausgelassener Stimmung.

Der optimale Zeitpunkt lässt sich allerdings noch wesentlich genauer bestimmen, wie der Psychologe Richard Wiseman von der University of Hertfordshire in Großbritannien mit umfangreichen Befragungen und Computeranalysen herausgefunden hat:

»*Am lustigsten finden die meisten Menschen die Witze, die um 18:03 Uhr erzählt werden. Um 1.30 Uhr mitten in der Nacht hingegen können nur die wenigsten Leute über einen Witz richtig lachen.*« Auch das beste Datum für einen erfolgreichen Witz konnte er ermitteln. »*Es ist der 15. eines Monats. Am Anfang und auch am Ende des Monats können die Zuhörer nicht so sehr darüber lachen.*«

Daher sein Tipp: »*Wer Menschen zum Lachen bringen möchte, der sollte seine Witze am15. des Monats erzählen, und zwar möglichst um 18:03 Uhr. Vor allem Tierwitze kommen überall auf der Welt gut an.*« Sogar das lustigste aller Tiere hat er identifizieren können: Es ist die Ente. Die Schlussfolgerung liegt für den Psychologen auf der Hand: »*Möchten Sie einen Witz mit Tieren erzählen, dann lassen Sie eine Ente darin vorkommen.*«

Also probiere ich es, mit dieser Erkenntnis ausgestattet, gleich noch einmal:

»*Was ist gelb, schwimmt auf dem See und fängt mit Z an?*«
Antwort: »*Zwei Enten.*«

»Solche Witze funktionieren, weil sich die Erwartungen des Hörers eben gerade nicht erfüllen«, sagt Paul Rozin von der University of Pennsylvania.

Um die Erwartungen des Hörers mit der Pointe ad absurdum führen zu können, müssen diese selbstverständlich erst einmal geweckt werden.
Der erfolgversprechendste Witzaufbau folgt der sogenannten Dreierstaffelung nach dem Muster AAB.

Das heißt:

- Eine Erwartungshaltung wird im ersten Teil des Witzes aufgebaut (= A1).

- Der Inhalt des Witzes wird in einem zweiten Teil wiederholt beziehungsweise nur leicht variiert (= A2),

- um sie dann im dritten Teil des Witzes mit der Pointe erfolgreich (eben gerade nicht) zu erfüllen (= B).

In seinen Forschungen hat der Psychologe herausgefunden, dass Witze, die nach diesem Dreierschema $A_1 A_2 B$ funktionieren, »signifikant lustiger sind« als solche nach dem Schema AB.

Ein Entenwitz, der sogar eine Dreierstaffelung ($A_1A_2A_3B$) aufzeigt, ist folgender:

Kommt eine Ente in eine Drogerie und bestellt sich ein Bier. Sagt der Drogist: »Wir haben kein Bier.« (A_1) Also geht die Ente traurig mit gesenktem Haupt nach Hause. Am nächsten Tag betritt sie wieder die gleiche Drogerie und bestellt sich noch einmal ein Bier. (A_2) Sagt der Drogist: »Also mit dir reicht es mir jetzt. Wenn du dir hier noch einmal ein Bier bestellst, versohle ich dir den Hintern mit einem Teppichklopfer.« Die Ente geht wieder mit gesenktem Haupt nach Hause. Am nächsten Tag erscheint sie abermals in der Drogerie und fragt: »Habt ihr Teppichklopfer?« (A_3) Sagt der Drogist: »Jetzt reicht es mir aber wirklich mit dir. Jetzt ist es genug! Nein, Teppichklopfer haben wir natürlich auch nicht!« Sagt die Ente: »Kein Problem, dann nehme ich ein Bier.« (B)

Mit Erwartungen spielen

Aber es geht auch anders – einfacher und schneller – dann nämlich, wenn eine Erwartungshaltung gar nicht erst aufgebaut werden muss, sondern schon gleich von Anfang an vorhanden ist.

Unser Erfahrungsschatz, unser Wissen und die Logik helfen uns dabei, Sachverhalte einzuschätzen und Vorhersagen zu treffen. Das ist auch bei Witzen und deren Pointen so. Passiert in einem Witz also etwas Unübliches oder Unlogisches, so werden unsere Erwartungen auf der Stelle ad absurdum geführt. Man erwartet etwas und etwas ganz anderes tritt ein, das finden wir lustig: So wie in den zwei folgenden Beispielen:

Sagt ein Schaf zum Rasenmäher: »Määäh!« Antwortet der Rasenmäher: »Von dir lasse ich mir gar nichts befehlen!«

Sagt ein Freund zum anderen: »Du, wenn ich jetzt mit deiner Frau schlafe, bin ich dann blutsverwandt mit dir?« Antwortet der andere: »Nein, aber quitt!«

Wann ist etwas nun wirklich witzig?

Was mich als Arzt im Rahmen der Clowntherapie, als Humor-botschafter und Vortragenden auf der Bühne, vor allem aber als Mensch, immer wieder brennend interessiert, ist die Frage: *Warum lachen Menschen?*

Ich glaube die Antwort ist ganz einfach: Weil Sie enttäuscht wer-den. Weil sich eine Erwartungshaltung aufbaut, die sich nicht er-füllt. Es ist eine hervorragende Witztechnik eine entsprechende Erwartungshaltung aufzubauen, um dann mit einer humorvollen, überraschenden Wendung einen Lacher zu erzielen.
Wird man zu wenig enttäuscht, ist es einem egal. Wird man zu stark enttäuscht, ist man sauer. Liegt die Enttäuschung jedoch da-zwischen, kann man darüber lachen. Weil man einen paradoxen Ansatz, eine Unlogik in einer Geschichte erkennt. Wir lachen, weil etwas nicht logisch ist! Lachen ist ein Kapitulationsreflex, so nennen das die Psychologen. Wenn man herzhaft lacht, dann setzt sich das Denken in die Gegenwart. Und da sich beim La-chen auch noch neue Synapsen bilden, macht es sogar intelligenter.

Das Chuck Norris Prinzip

Eine letzte Witzgattung möchte ich Ihnen an dieser Stelle noch vorstellen, nicht weil ich die Inhalte oder die Person dahinter so faszinierend finde, sondern weil die Technik dahinter für vie-le, auch selbst entwickelte Witze, anwendbar ist: das sogenannte Chuck Norris Prinzip (CNP).

Bestimmt kennen Sie den US-Schauspieler, der als immer siegen-der Karateguru in den 80/90er Jahren mit Rollen wie *Walker* oder *Texas Ranger* populär wurde und für den scheinbar nichts unmög-lich schien.

Seine Methoden der Kampftechnik waren so übertrieben, dass sich der US-Fernsehmoderator Conan O'Brien veranlasst fühlte, die so-genannten »Chuck-Norris-Fakten« persiflierend in seine Sendung einzubauen. Er begründete damit eine ganz spezielle Witzgattung, nach deren Art viele Witze funktionieren:

- Chuck Norris hat als Kind auch Sandburgen gebaut – wir kennen sie heute als Pyramiden

- Chuck Norris ist ein derart harter Kerl, der isst keinen Honig, der kaut Bienen

- Chuck Norris hat bis Unendlich gezählt – zwei Mal

Wie lustig wäre ein Chuck Norris Witz erst, wenn auch noch eine Ente darin vorkäme und Sie diesen dann am 15. des Monats pünktlich um 18:03 Uhr erzählten. Die Leute würden sterben vor Lachen!

Chuck Norris selbst kann übrigens durchaus über diese Witze lachen, wie er auf seiner Internetseite zugibt. Übrigens: Er ist kurz vor Weihnachten gestorben. Aber es geht ihm mittlerweile wieder besser!

Humor in der Werbung

Abschließend noch ein kurzer Sidestep zu einem Bereich, mit dem wir täglich konfrontiert werden: Werbung und Marketing!

43 % aller Werbemaßnahmen spielen im Rahmen ihrer Dramaturgie mehr oder weniger mit Humor oder witzig-skurrilen Elementen. Da guter Humor eine so starke Präsenz, Dominanz und Kommunikationskraft hat, muss er sehr sensibel eingesetzt werden. Sonst lacht man viel über die Pointen des Spots und vergisst das beworbene Produkt.

Die Werbeindustrie, die Kunden zugunsten eines Produktes zum Lachen bringen will, hat dazu eine ganze Reihe Leitsätze erarbeitet, um möglichst niemanden mit ihrem Humor zu vergraulen. Klare No-Gos sind z. B.: schwarzer Humor, verletzende und diskriminierende Witze. Eine weitere essentielle Regel ist: »*Überfordere den Zuhörer nicht: Witziges muss rasch verständlich und zielgruppenorientiert sein*«.

»Haribo macht Kinder froh und Erwachsene ebenso«!

Nach 24 Jahren wechselte das Gesicht der Marke Haribo, und mit diesem Wechsel ging Ende 2014 gleichzeitig die längste Werbepartnerschaft zu Ende: Thomas Gottschalk wurde von Michael »Bully« Herbig abgelöst. Nach einem gemeinsamen Werbespot von Gottschalk und Herbig, ist dieser nun das neue Gummibären-Gesicht für Groß und Klein. Und dieser letzte verbindende, perfekt inszenierte Werbespot mit alter und neuer Werbeikone ist voll von sympathischen, kreativen Ideen.

Als Plot wurde die »offizielle« Übergabe von Gottschalk an Herbig gewählt. Es gibt herrliche ironische Szenen mit 2 begnadeten Bühnenpersönlichkeiten, die auch und hier ganz speziell über sich selbst lachen können.

Hier geht's zur Extended Version:

https://www.youtube.com/watch?v=hmcGYIhqA4A

In der neuen Werbelinie punktet Bully mit mehr Dynamik, mehr Story, mehr Aufmerksamkeit, der Humor ist aber geblieben, wunderschön stimmig mit dem Charisma von Bullig Herbig in Einklang gebracht! So muss gute, humorvolle Werbung sein. *https://www.youtube.com/watch?v=hnWApJTKtmY* Und es würde mich nicht wundern, wenn dieser Protagonist und Haribos Grundphilosophie auch diesmal 24 Jahre gemeinsam wirken!

Abschließen möchte ich dieses Kapitel mit einer Firma, die voll und ganz auf Humor in ihrer Werbelinie setzt, das Mietwagenunternehmen SIXT. Sie kennen bestimmt die knallorangen Werbesujets mit den frechen Sprüchen am Flughafen.

Hier drei ihrer Besten:

- »Im Frühling sprechen alle von Diät, – wir nehmen schon mal das Dach ab« (Cabrio Werbung)

- »Das Dach öffnet er in 22 Sekunden. Frauenherzen sogar noch schneller« (Cabrio Werbung)

- »Machen Sie's wie Madame Bruni, nehmen Sie sich einen kleinen Franzosen« (Werbung für ein französisches Fahrzeug der Mietwagenflotte, 2010)

2 Menschliches

Genug der Theorie. Folgen Sie mir nun ins wahre Leben und sehen wir uns an, was die Realität für uns bereithält. Und hier stehen an erster Stelle meine liebsten »Frustverhinderer«: jene kleine Menschen, denen die Zukunft gehört – unsere Kinder!

> **»Man kann in der Wahl seiner Eltern**
> **nicht vorsichtig genug sein«**
> **(Erich Kästner)**

Das Kind neben und in mir

Was wir von Kindern und ihrer Welt für unser erwachsenes Leben lernen können!
Kinder... Waren Sie mal eines oder haben Sie sogar welche? Ich war Kind und bin Arzt, gleichsam das Kind im Arzt. Ich selbst bin eindeutig zu jung für mein Alter und ich glaube, dass es nie zu spät ist für eine glückliche Kindheit. Man kann jedoch nicht früh genug damit anfangen, sich von Kindern wieder abzuschauen, was wir alle einmal perfekt beherrscht haben: den kleinen oder größeren Herausforderungen im Leben mit Humor, Freude und Leichtigkeit zu begegnen. Kinder erklären das Unerklärliche mit bestechender Logik, die uns Erwachsene verblüfft und nicht selten amüsiert.

Was können wir von Kindern lernen oder an ihnen in uns wiederentdecken?
Kinder sind neugierig und mutig!
»Papa, wie viele Tropfen sind im Regen?« Viele Erwachsene haben ihre Neugierde auf das Leben und damit ihre Freude und Begeisterungsfähigkeit verloren. Kinder muss man diese nicht wieder antrainieren, sie sind neugierig, auch auf Dinge, die für uns »Gro-

ße« selbstverständlich erscheinen. Sie haben keine Scheu, etwas zu riskieren oder zu wagen. Sie sind solange neugierig, bis wir frustrierte Erwachsene ihre Neugierde bestrafen. Einer der schlimmsten Sätze, die ein sechsjähriger Erdenbürger zu hören bekommt, ist beim Eintritt in die Schule: »So jetzt beginnt für Dich der Ernst des Lebens«. Denn die meisten Kinder freuen sich auf den Schulanfang. Sie sind süchtig nach Wissen.

Unsere Geschichten, Erfahrungen, Erlebnisse sind für Kinder wie ein großes Geschenk. Sie saugen alles auf, stellen Fragen und lieben es, uns zuzuhören. Richtig zuzuhören haben wir häufig verlernt.

Der Blick auf Kleinigkeiten – ganz groß
Dieser Blick auf Kleinigkeiten beruht auch auf der Neugierde. Ersichtlich daran, wenn ein Kind den tanzenden Schneeflocken zusieht, lange und fasziniert einen Schmetterling beobachtet oder einen Baustein von allen Seiten betrachtet und man förmlich spürt, wie die Phantasie Purzelbäume schlägt. Alles Dinge, die uns Erwachsene leider kaum noch zum Staunen bringen.

Kinder sind grundehrlich (außer sie flunkern mal ☺)
Kindermund tut Wahrheit kund. Wir Erwachsene tun uns oft damit etwas schwerer. Ein Kind lügt 20-30 Mal pro Tag. Wir Erwachsene lügen jeden Tag 50-200 Mal – das hat die Wissenschaft bewiesen. Manchmal würde uns ein Tausch von berechnender gegen erfrischende Ehrlichkeit bestimmt gut tun.

Kinder leben und lernen leidenschaftlich und mit Begeisterung
Kinder lassen sich schnell begeistern und entwickeln dann ungebremste Leidenschaften. Kinder sind reich, vor allem an Fantasie. Kinder kennen keine Grenze nur Hindernisse! Kinder können so schön ausgelassen sein. Das ist nicht nur ansteckend, sondern entzieht uns in der Sekunde unsere schlechte Laune.

»Learning by doing« ist eine Herangehensweise an Aufgaben, die auch Erwachsene weiterbringt. Wer nicht immer nur nach Rezept kocht und nach Anleitung bastelt, sondern einfach experimentiert, wird kreativ und gewinnt an Selbstbewusstsein – und damit an

Mut, sich an weitere Aufgaben zu wagen. Viel von der kindlichen Unbeschwertheit ist uns Erwachsenen verloren gegangen. Was ja auch nachvollziehbar ist. Einmal erwachsen, lässt es sich nicht mehr so einfach völlig unbeschwert sein: berufliche Anforderungen, Verantwortung für die Familie etc. Nichtsdestotrotz täte es uns hin und wieder gut, weniger zu grübeln.

Kinder haben keine Vorurteile
Kinder knüpfen liebend gerne Kontakte, schneller, als wir schauen können. Ihnen ist egal, woher jemand kommt, welche Sprache er spricht oder welche Kleidung er trägt. Sie schenken auch Fremden ein Lächeln und gehen unvoreingenommen auf andere zu. Sie sehen das Gute im Gegenüber, was uns Großen oft schwerfällt und dazu führt, dass wir damit hin und wieder große Chancen verspielen. Die Offenheit der Kinder schlägt das Misstrauen der Erwachsenen. Kinder kennen keinen Ekel, bis er ihnen von uns beigebracht wird.

Kinder leben im Jetzt – woanders macht es ihnen keinen Spaß
Sie haben Spaß am und im Sein! Ohne »Wenn« und »Aber«! Die kindliche Freude holt uns sogar aus dem tiefsten Jammertal. Es tut einfach gut, unbeschwerte Kinder zu sehen, wie sie spielen und aus jedem Staubkorn ein neues Spielzeug zaubern. Kinder haben keinen Stress, machen keine Termine, denken nicht an gestern und sorgen sich nicht um morgen. Sie sind ganz im Hier und Jetzt: beim Spielen, Scherzen, Albern blenden sie alles aus. Und sie tun Dinge einfach so, egal wie lange es dauert. Hauptsache, sie haben Spaß daran!
Sie feiern kleine Erfolge, sind stolz auf jeden einzelnen von ihnen: die Schuhbänder zum ersten Mal selbst gebunden, Radfahren ohne Stützräder, selbst die Treppe hochgeklettert oder das erste Bild gemalt – Kinder sind so stolz, wenn sie etwas schaffen. Sie haben auch keine Scheu, davon zu erzählen und sich ein bisschen feiern zu lassen. Wir hingegen warten auf das Pauschallob des Chefs bei der Weihnachtsfeier und denken dabei schon an das Buffet.

Kinder zeigen von Herzen Zuneigung

Wir sind Profis in Sachen Beschwerde, Kritik und Tadel. Komplimente und ehrliches Lob sind seltene Fremdworte geworden. Wertschätzung für andere gibt es nur dann, wenn wir uns akribisch und strukturiert darauf vorbereiten können. Kinder sind da ganz anders: Spontan kriegt man ein Küsschen auf die Wange geschmatzt, wird geknuddelt oder umarmt. Kinder drücken ihre Gefühle direkt aus. Offen, kraftvoll und unverfälscht. Sie kuscheln lieber los, anstatt erst darüber nachzudenken. Wir sagen auch »Ich liebe dich!« – doch manchmal nur aus Gewohnheit, manchmal, weil der andere es erwartet, manchmal weil man seine wahren Gefühle (noch) nicht offenbaren will oder weil man mit den magischen drei Worten etwas bezweckt. Wie schön wäre es, wenn Liebeserklärungen unter Erwachsenen auch immer so ehrlich gemeint wären wie die der Kinder.

Kinder hören auf zu essen, wenn sie satt sind, weinen ehrliche Tränen, sind nicht nachtragend und vergeben schneller als sie böse waren. Daran sollten wir uns auch ein Beispiel nehmen, noch dazu, da wir all das einmal perfekt beherrscht haben.

Das Kind ein Studienobjekt der Kreativität

> **»Eigentlich ist adoptieren besser. Da können sich die Eltern ihre Kinder aussuchen und müssen nicht nehmen, was sie bekommen.«**
> **Clemens, 8 Jahre**

Ich versprach Ihnen Realitätsnähe. Gut, Kinder sind ein Quell der Freude und beglückenden Veränderungen, aber sie können auch anstrengen. Insbesondere junge Väter erkennen schnell, dass das gehasste Büro eigentlich eine wundervolle Oase der Ruhe und Erholung ist. Sie sind verblüfft, dass der menschliche Körper erstaunlich viel aushält und man es schafft, monatelang nur mit zwei Stunden Schlaf pro Nacht auszukommen.

Optimistische Elternpaare werden gar zu latenten, untherapierbaren Pessimisten, weil sie am Beginn kurze Schreiaussetzer für Ermüdungserscheinungen halten. Andere Unterhaltspflichtige stellen wiederum fest, dass der schönste Tag im Leben mit dem kleinen Racker nicht die Geburt, sondern jener Tag ist, an dem er das erste Mal durchschläft.

Mütter finden derweil leidvoll heraus, dass Schränke mit abschließbaren Türen eine tolle Erfindung sind. Dass es immer ein schwerwiegender Fehler ist, zerkaute, besudelte, komplett zerrissene Lieblingskuscheltiere zu entsorgen und dass die absolut gefährlichste Zeit zuhause jene ist, wenn es ganz plötzlich ganz, ganz still ist.

Eltern müssen auch lernen mit den großen und kleinen Problemen der Pubertät richtig umzugehen: z.b. mit den drei größten Lügen in der Schulzeit: *Ich habe meine Aufgabe schon gemacht/ Ich mache gleich meine Hausaufgabe/ Wir haben keine Hausaufgabe bekommen.* Oder den kolportierten drei größten Lügen an der Kinokasse: *Ich bin schon sechzehn/ Ich bin schon achtzehn/ Ich bin noch Schüler.*

Später versuchen Eltern, ihrem Nachwuchs die Liebe zu erklären. Nicht sie aufzuklären! Also jenen Vorgang, bei dem ein Erwachsener mithilfe all seiner Kenntnisse dem Jugendlichen ein Viertel von dem erzählt, was sie ohnehin schon wissen.
Aber keine Sorge: Jeder junge Mensch macht früher oder später die verblüffende Entdeckung, dass auch Eltern gelegentlich recht haben können. Bis es soweit ist, dass sich Kinder in der Welt der erwachsenen Realität einfügen, definieren sie ihre eigene Welt aus Logik, Sprache und unverfälschter Direktheit. Hier aus meiner Sammlung von Bonmots aus Kindermund ein paar Beispiele zum Schmunzeln:

»Alle Fische legen Eier. Die russischen sogar Kaviar«
Thomas, 6 Jahre

Und last but not least hier meine liebsten *Punchlines*, nach denen jegliche eigene Schlagfertigkeit Pause hat! ☺

»*Der Papst lebt im Vakuum.*«

»*Fische legen Leichen ab, um sich zu vermehren.*«

»*Gartenzwerge haben nur deswegen rote Mützen auf, damit sie beim Rasenmähen nicht überfahren werden.*«

»*Gott wohnt unter der Woche im Himmel und kommt nur am Sonntag in die Kirche.*«

»*Wenn ein Zug hält, entleeren sich die Fahrgäste auf dem Bahnsteig.*«

»*In Frankreich hat man die Verbrecher früher mit Gelatine hingerichtet.*«

»*Luther schlug 1517 seine 95 Prothesen an die Schlosskirche.*«

»*Die Bibel der Moslems heißt Kodak.*«

»*Regenwürmer können nicht beißen, weil sie vorne und hinten nur einen Schwanz haben.*«

»*Am liebsten ess ich Kaiserschmarrn mit Apfelkompost.*«

»*Bei uns hat jeder sein eigenes Zimmer. Nur Papi nicht, der muss immer bei Mami schlafen.*«

»*Ich bin zwar nicht getauft, dafür aber geimpft.*«

»*Als unser Hund zu bellen anfing, ging meine Mutter hinaus und stillte ihn.*«

»*Die Eiskunstläuferin drehte ihre Pirouetten, dabei hob sich ihr Röckchen im eigenen Wind.*«

»*Die Menschen wurden früher nicht so alt, obwohl sie weniger Verkehr hatten.*«

»*Man soll bei offenem Fenster schlafen, weil Atmen so gesund ist.*«

»*Immer soll ich mein Zimmer aufräumen, dabei bin ich als Kind geboren, nicht als Sklave.*«

»*Mit Müttern schimpft man nicht, die sind nämlich nützlich!*«

»*Wenn wir den Papa nicht hätten, müssten wir alle Essensreste wegschmeißen.*«

»*Oma ist der kostbarste Teil der Familie. Die hat schon Altertumswert.*«

»*Mein Opa ist am Kopf barfuß.*«

»*Wenn ein Arzt operieren will, muss er erst sterilisiert werden.*«

Letzteres werde ich mir sehr zu Herzen nehmen und eventuell meinen erlernten Beruf neu überdenken! ☺

Kinder lösen Emotionen aus. Sie bringen uns zum Staunen, hin und wieder zum Ärgern aber viel häufiger zum Lachen. Und sie geben dir in jedem Augenblick das beglückende Gefühl, für diesen kleinen Menschen etwas Besonderes zu sein. Die folgende Geschichte fand ich im Internet, leider ist mir der Urheber nicht bekannt, aber ich fand sie so schön, dass ich sie Ihnen zum Abschluss des Kapitels hier nicht vorenthalten möchte:

Eines Abends, als die Mutter gerade das Abendessen kochte, kam der elfjährige Sohn in die Küche mit einem Zettel in der Hand. Er überreichte den Zettel mit einem seltsamen, amtlich anmutenden Gesichtsausdruck seiner Mutter, die sich daraufhin die Hände in der Schürze abwischte, den Zettel entgegennahm, und zu lesen begann:

Für das Aufräumen meines Zimmers: 8 Euro
Weil ich auf der Post war: 2 Euro
Weil ich Milch holen gegangen bin: 1 Euro
Weil ich drei Nachmittage auf meine kleine Schwester aufgepasst habe: 12 Euro
Weil ich zwei Einser bekommen habe: 8 Euro
Weil ich jeden Tag den Müll rausbringe: 3 Euro
Insgesamt: 34 Euro.

Die Mutter blickte sanft ihren Sohn an. Es kamen ihr unzählige Erinnerungen ins Gedächtnis. Dann nahm sie einen Stift und begann auf einen anderen Zettel zu schreiben:

Für neun Monate lang unter meinem Herzen getragen: 0 Euro
Für alle durchwachten Nächte, die ich an deinem Krankenbett verbrachte: 0 Euro
Für das viele Im-Arm-halten und Trösten: 0 Euro
Für das Trocknen deiner Tränen: 0 Euro
Für alles, was ich dir Tag für Tag beigebracht habe: 0 Euro
Für jedes Frühstück, Mittagessen, Jause und alles, was ich dir zubereitete: 0 Euro
Dafür, dass ich dich mein Leben lang begleite: 0 Euro
Insgesamt: 0 Euro

Als sie fertig war, gab die Mutter mit einem Lächeln den Zettel ihrem Sohn in die Hand. Das Kind las es und hatte Tränen in den Augen. Dann drückte er den Zettel an sein Herz und schrieb im Anschluss auf seine eigene Rechnung: BEZAHLT!

Männer & Frauen

… die paar Probleme mit den »Paar-Problemen«!

Auf den nächsten Seiten lade ich Sie zu einem frechen, ärztlich überwachten Paar-Crashkurs für harmonische, freudvolle und **frustfreie** Beziehungen im Tempo der Zeit ein. Das Ziel: Gemeinsames Lachen als Glücksgarantie.

In diesem Kapitel mutiert Ihr Arzt des Vertrauens zum (S)Experten, dem Dr. Sommer des 21. Jahrhunderts. Als Internist ist mir ja Inneres nicht fremd, insbesondere, was die inter- und intrasexuellen Beziehung betrifft.
Ich werde dabei das eine oder andere Klischee bedienen und natürlich ist bei Ihnen zuhause alles ganz anders. Dann freuen Sie sich und genießen den ironischen Blick in die emotionale Welt Ihrer Nachbarn!

Fangen wir mit einem der gefährlichsten Fallstricke an, der Kommunikation. Das fehlende Standbein bei einem Chromosom führt oft zu massiven Verständigungsproblemen zwischen den Geschlechtern. Hier finden wir die auffälligsten Unterschiede, meint auch die britische Soziologin Dianne Hales, die insbesondere das Sprach- und Denkverhalten von Männern und Frauen untersuchte. Nicht umsonst ist Lebensgefährte ein Wort, das von Lebensgefahr abgeleitet ist. Gott sei Dank kann ich da vermitteln:

Die holde Weiblichkeit bringt es demnach im Durchschnitt auf 23.000 Worte am Tag, das starke Geschlecht gerade mal auf die Hälfte. Eine Erklärung dafür könnte sein, dass SIE immer alles zweimal sagen muss, damit ER es endlich kapiert!

Neurologen fanden jedoch heraus, dass das Sprachzentrum bei Männern und Frauen in unterschiedlichen Bereichen des Gehirns liegt und demnach unterschiedlich ausgelastet ist. Bei Frauen ist es nicht nur größer, sondern auch auf beide Gehirnhälften verteilt. Männer sprechen also statistisch gesehen eher selten und hören auch nur bedingt zu. Und doch kennen sie das ganze Alphabet weiblicher Gefühle – von A bis B. ☺ Männer sind imstande, stundenlang über ein und dasselbe Thema zu sprechen. Frauen brauchen dafür gar kein Thema, dafür hat eine Frau dennoch immer klare Prinzipien. Sie weiß, was sie will und sie weiß, was sie nicht will. Manchmal kann sich das sogar überschneiden.

Abstrakte Gefühlswelten sind einfach nicht unser männliches Ding – nichts hassen die X-Chromosomenträger mehr, als sich hilflos zu fühlen. Und gerade beim Thema Emotionen fürchten Männer, sich um Kopf und Kragen zu reden. Und oft trügt ihr Gefühl nicht.

Der Arzt Ihres Vertrauens weiß: Männer ändern zwar manchmal ihre Ansichten, aber nie ihre Absichten.

86 % sind in der Studie der Ansicht, dass das zarte Geschlecht einfach besser über Gefühle sprechen kann – und sie wollen schließlich nicht als Verlierer da stehen. Ihre emotionalen Probleme machen sie am liebsten mit sich selbst aus, in ihrer ganz speziellen Höhle. Da hat niemand Zutritt, nicht mal der beste Freund. Seine Herzensdame, die ja Freud und Leid, sprich alles mit ihm teilen möchte, fühlt sich da dann manchmal gekränkt, zurückgewiesen und frustriert.

Meine Damen, müssen Sie nicht, wir kommen schon wieder aus unserem Schneckenhaus – wenn die Zeit reif ist und wenn man uns die Zeit lässt.

Sagen wir es doch einmal ohne falsche Umschweife: Männer in Beziehungen haben Angst. Vor Gefühlen, vor ihrem Chef, vor dem Urologen, vor Geheimratsecken, vor der Niederlage der österreichischen Fußballnationalmannschaft, – also gerade im letzten Fall permanente, persistierende, tiefsitzende Angst. ☺

Denn was wollen Frauen? Frauen wollen plaudern, diskutieren und das Seelenleben analysieren. Immer und überall.

Und sie haben vollkommen Recht, genau darum geht es letztendlich im Leben: um Gefühle, Austausch und Resonanz. Wir kriegen da oft nicht die Kurve. Doch sie bleiben hartnäckig, weshalb sie uns immer wieder mit Aufforderungen oder Fragen wie »Erzähl mal was!« oder »Wie war Dein Tag?« behelligen. Von den Weglaufsätzen »Wir müssen reden!«, »Woran denkst du?« oder der fatalsten, heimtückischsten aller Frage: »Liebst du mich noch?« ganz zu schweigen.

> Der Arzt Ihres Vertrauens findet es faszinierend, dass sich die Frauen beschweren, dass die Männer alles vergessen und die Männer sich beschweren, dass sich die Frauen an alles erinnern!

Laut einer Meinungsumfrage im Auftrag der Online Partneragentur Parship sprechen Paare in Österreich, Deutschland und der Schweiz durchschnittlich 102 Minuten täglich miteinander. Allzu üppig ist das nicht, wenn man noch dazu bedenkt, dass hier moderne Kommunikationswege wie Handy und Co inkludiert sind.

Unverheiratete Pärchen kommen nach dieser Umfrage auf 114 Minuten pro Tag, also 12 Minuten länger. Es gibt ja noch viel zu entdecken, was später gegeneinander verwendet werden kann.

Eheleute wiederum reden angeblich 93 Minuten am Tag miteinander.

Wie schön. Interessanterweise genau die Zeit, die ein Hauptabendfilm braucht.

Laut dieser Umfrage sind die schlechtesten Kommunikationszeiten jene bei »gemeinsamen« Fernsehabenden: für sie beim TV Serienmontag, für ihn beim Fußballschauen. Doch gemein und fies, wie wir Weiblein und Männlein nun mal sind – gerade da macht dem jeweils anderen das Plaudern besonders viel Spaß! Aber ob wir eine Antwort bekommen, steht auf einem anderen Blatt.

Was ist wahr und richtig?

Was unterscheidet uns noch? Wir Männer haben eine andere Wahrnehmung: Wenn uns eine Frau geangelt hat, nennen wir uns Eroberer!

Frauen hingegen haben, ähnlich wie Kinder, eine typische, nicht ganz nachvollziehbare Logik: »Schatz, ich gehe jetzt in die Stadt und kaufe mir etwas gegen Halsschmerzen ... Schuhe oder so!«
Noch ein krasseres Beispiel gefällig?

Eine Frau fährt mit einem Bus nach Hause. Der Bus ist ziemlich voll, also erspart sie sich das Durchdrängeln zum Fahrkartenautomaten und möchte eine Frau vor sich bitten, ihre Karte für sie abzustempeln. Sie überlegt, ob sie die Dame duzen oder siezen soll.

Hm, an der vorletzten Haltestelle ist sie nicht ausgestiegen, also fährt sie mit bis zur letzten Haltestelle. Sie hat eine Flasche Wein dabei, also fährt sie sicher zu einem Mann. Der Wein, ... wow ein Brunello 2005 ist nicht gerade der billigste, also muss es ein attraktiver Mann sein. Bei uns im Dorf gibt es nur zwei fesche Männer – mein Mann und mein Liebhaber. Zu meinem Liebhaber kann sie nicht fahren, da ich selbst dorthin unterwegs bin. Also fährt sie zu meinem Mann. Mein Mann hat zwei Geliebte, Susanne und Bianca. Susanne ist doch noch auf Urlaub in Griechenland –
»Bianca, kannst du bitte die Karte für mich stempeln?«
Bianca: »Kennen wir uns?«

Schuld hat nur das Gehirn

Das Gehirn von Frauen wiegt im Durchschnitt 9 bis 17 % weniger als das Männerhirn. Stopp liebe Geschlechtsgenossen: Ein machoides »*ich hab's ja schon immer gewusst*« ist hier sicher nicht angebracht. Frauen besitzen im Verhältnis zu ihrem Körpergewicht nämlich zumindest gleich große – wenn nicht sogar größere – Gehirne. Und merken Sie auf – jetzt schlägt wieder der Medicus in mir durch – die beiden Hemisphären sind in Frauengehirnen zudem stärker verknüpft, und das Blut zwischen beiden Hälften fließt 20 Mal schneller.

> Conclusio der Neuroforschung: Während Frauen mit beiden
> Gehirnhälften gleichzeitig denken, arbeitet das männliche
> Gehirn verstärkt lateral, also einseitig. Das erklärt manches.

Fazit: Frauen und Männer denken physiologisch, emotional und anatomisch anders. Subtext versus Klartext.

Die unterschiedlichen Denkmuster von Mann und Frau erklären auch das Dilemma zum Thema Komplimente und subtile Andeutungen. »*Schau mal Schatz, der schöne Ring in der Auslage*«, wird von uns als »*ja, schöner Ring*« wahrgenommen und nicht als Aufforderung diesen doch unverzüglich beim nächsten Anlass zu kaufen. Und der nächste Anlass ist jetzt! Meine Herren, mein Tipp: Sind Sie in solchen Situationen wachsam, der Ring gehört auf den Finger. SOFORT!

Anstatt geradeheraus zu sagen, was Sache ist, winkt unsere geschätzte holde Weiblichkeit mit etlichen Zaunpfählen (und Juwelierschaufenstern), nur sind wir zu blöd diese zu erkennen, bis uns der Vorschlaghammer trifft, gemeinsam mit dem Nagel auf den Kopf.

Und Sie meine Damen – wenn wir sagen, wir werden etwas machen, dann machen wir es auch! Es gibt keinen Grund uns alle drei Monate daran zu erinnern. ☺

Kommunikationsleckerbissen:
Nach dem Sex.
Ehefrau: An wen denkst du, Schatz?
Ehemann: Ach, kennst du nicht.

**Das Frustschutzmittel in der Partnerschaft:
merkwürdige Beziehungstipps!**

Wieso wirken manche Paare so eins miteinander, wieso können sich andere bis aufs Blut nicht mehr ausstehen? Was machen die einen richtig, was machen die anderen falsch? Egal wie unterschiedlich die Sprache, das Denken, die Wahrnehmung auch sind – genau das macht es ja so spannend zwischen Mann und Frau –

nichts verbindet zwei Menschen besser, tiefer und intensiver als ein gemeinsames Lachen. Es gibt nichts Schöneres zwischen Paaren, wenn's auf der Humorebene stimmt!

Sie »Ich bin nur wegen deines guten Humors mit dir zusammen.«
Er: »Ich dachte wegen des guten Sex?«
Sie: »Haha, siehst du, genau das meinte ich.«

Sie: »Schatz, ich habe eine Affäre!«
Er: »Ist es etwas Ernstes?«
Sie: »Nein, wir lachen sehr viel!«

Lachen Sie über Fehler, primär über die eigenen, über ärgerliche Situationen, die sich in der Sekunde auflösen und über Konflikte, die es in 79 % der Fälle nicht wert waren, sich darüber zu streiten!

Öl ins Feuer zu gießen ist nur was für Brandstifter!

Haben Sie gewusst, dass Blutdruck und Puls in diesen Konfliktsituationen um durchschnittlich 30 % vom Ausgangwert steigen und das in weniger als 10 Sekunden? Haben Sie gewusst, dass es in 90 % der Fälle bei Diskussionen um die Vergangenheit und nicht um die so wichtige Zukunft geht?

Auch hier ist gibt es ein Geheimrezept mit Augenzwinkern vom Arzt Ihres Vertrauens: Der entwaffnende Satz am Beginn einer aufreibenden Diskussion lautet: »Du hast recht.« Viele Menschen wollen nämlich in Wahrheit nicht diskutieren, sondern einfach Recht haben. Geben Sie Ihrem Partner also gleich am Beginn dieses gute Gefühl und Sie werden sehen, die Diskussion läuft viel eher in eine positive Richtung! Einigen Sie sich zumindest darauf, dass Sie sich uneinig sind. ☺ So mutiert das Konfliktgespräch viel leichter zu einer netten, humorvollen Plauderei bei einem coolen Drink im gemeinsamen Lieblingslokal unter dem Motto:
»Vorher haben wir uns auseinandergesetzt – jetzt setzen wir uns zusammen.«

Stella.
Seit wenigen Monaten haben wir neben *Frizzante* und *Sugar,* unseren süßen Katzen, eine neue Mitbewohnerin: Stella, eine entzückende Labradoodlehündin.
Sie bringt unser Leben ganz schön durcheinander und sorgt ehrlicherweise auch mal für Spannung zwischen uns. Es ist jedoch wirklich verblüffend, wie diese kleine, haarige Rotznase es bereits nach kurzer Zeit immer wieder durch ihre herzliche Art schafft, jeden aufkommenden partnerschaftlichen Groll im Keim ersticken zu lassen. Wir lachen gemeinsam über uns drei! (*Ich bin übrigens überzeugt, dass uns Hunde auch auslachen können, sie nur zu höflich sind, um es uns spüren zu lassen!*)
So z. B. schaut exemplarisch unsere Hunde-Kommunikation aus:

»Gehst du mit dem Hund raus?«
»Nein, geh du. «
»Nein, du.«...
»Du.«
»DU!«
»Nein, du.«
»OKAY! ICH GEHE!«
»Warte, ich komme mit.«

> »Menschen werden geboren, damit sie lernen können, wie man ein gutes Leben führt. Zum Beispiel alle anderen zu lieben und die ganze Zeit ein guter Mensch zu sein. Hunde wissen bereits, wie man das tut, deswegen werden sie auch nicht so alt.«
> Das sagte ein sechsjähriger Junge, der kurz zuvor den zehn Jahre alten Familienhund Belker verloren hat.

Zusammensetzen, darüber lachen und die innerbeziehlichen Problemchen mit humorvoller Leichtigkeit nehmen. Hier ein frecher Rundgang durch die Beziehungswelten:

Tipps für sie:

- Es gibt nur drei Arten von Männern:
  1. Männer vor der Pubertät
  2. Männer in der Pubertät
  3. Männer in der Midlife-Crisis

- Wir lieben es, wenn wir angelächelt werden. Einer der schönsten Dinge im Leben ist das Lächeln einer Frau. Lächeln Sie uns an und wir schmelzen dahin.

- Wenn Sie sich selbst nicht hübsch finden, werden Sie uns auch nicht glauben, dass wir Sie hübsch finden, so oft können wir das gar nicht sagen!

- Liebe Ladies, wenn Sie uns kritisieren, beenden Sie bitte Ihre Brandrede unbedingt mit einem Lob, oder mit etwas das zumindest so ähnlich klingt.

- Auf der anderen Seite nehmen Sie bitte Komplimente von uns an. Sonst bekommen Sie keine mehr von uns!

- Wenn Sie mit sanfter und ruhiger Stimme mit uns sprechen, können wir nicht anders, als Ihnen zuzuhören.

- Wir Männer reagieren allergisch auf Aussagen wie: »Ich meine es doch nur gut mit dir!« Meinen Sie es weiter, aber sagen Sie es nicht! ☺

- Fragen Sie uns um Rat, so zeigen Sie uns damit Ihr Vertrauen. Es gibt uns das tolle Gefühl, dass wir geschätzt und respektiert werden.

- Vermeiden Sie Provokationen, die unser pseudoadonishafte Aussehen betreffen:

  Sie: »Wie viel wiegst du?«
  Er: »Sag ich nicht.«
  Sie: »Ach komm, nur die ersten drei Zahlen.«

- UND: Seien Sie wachsam, wenn Sie Ihr geliebter Partner als seine bessere Hälfte bezeichnet. Das sind die Männer die gerne ihre bessere Hälfte gegen zwei jüngere Viertel eintauschen möchten.

Tipps für ihn:

- Kaufen Sie Blumen. Und zwar nicht die Billigware aus dem Supermarkt, richtig schöne, teure! Und nicht nur zum Geburtstag, Hochzeitstag, Jahrestag und bei akut schlechtem Gewissen. Seien Sie gewiss: Ein überraschender Blumenstrauß, bringt überraschende Reaktionen hervor!

- Das ist ein ganz cooler Tipp von Mann zu Mann: Lernen Sie heimlich ihre Kleider- und Unterwäschegröße auswendig. Mit ein bisschen Übung können Sie sogar bluffen und behaupten, Sie hätten einfach das perfekte Augenmaß für ihren makellosen Körper.

- Es fällt nicht leicht, das gebe ich schon zu, aber Sie müssen aushalten können, dass sie in vielen Dingen besser ist als Sie. Besonders weh tut es, wenn es dazu noch um so typisch männliche Dinge geht, wie Autofahren oder Kampfsport. Wie geil ist es dann erst, wenn Sie das auch noch neidlos und ohne Sarkasmus zugeben! Ich verspreche Ihnen, das gibt 100 Punkte auf der weiblichen Kommunikationsskala.

- Akzeptieren Sie das: Frauen wollen keine zweite Meinung. Sie wollen ihre Meinung in einer anderen Stimmlage.

- »Schatz, die Waschmaschine ist fertig« demonstriert nicht, dass Sie im Haushalt unterstützend wirken. Ebenso wenig, wenn Sie so vorgehen: »Schatz, ich habe dir heißes Wasser eingelassen.« Ihre geliebte Frau: »Danke wie lieb von dir. Mein Arbeitstag war wirklich anstrengend!« Und darauf er: »Es kocht jetzt, du kannst die Spaghetti rein geben!«

- Wenn Sie dreimal bei einer Sache gescheitert sind, könnte Ihre Frau doch Recht gehabt haben.

- Sind Sie auch im Freundeskreis vorsichtig bei Ihrer Wortwahl, sie kann leicht falsch interpretiert werden. F: »Wie viel wiegt denn deine Frau?« A: »Frag mich was Leichteres!«

- Und schlussendlich: Ein fürsorglicher Hausmann zu sein ist Spitze, Sie sollten allerdings wieder mehr an Ihrer männlichen Identität arbeiten, wenn sich Ihre Frau vor Ihnen neckisch auszieht und Sie anfangen, die Kleidung nach Bunt- und Feinwäsche zu sortieren!

Was wir Männer sonst noch von Frauen lernen können

Mag. Thomas P. war ein Junggeselle, der noch bei seinem Vater wohnte und im elterlichen Familienbetrieb einer großen Tischlerei und Möbeldesignwerkstätte mitarbeitete. Eines Tages fand er heraus, dass er beim Tod seines schon kränklichen Vaters dessen Vermögen erben würde, da dieser zum richtigen Zeitpunkt auf die richtigen Aktien gesetzt hatte und er beschloss, sich eine Frau zu suchen mit der er sein neu entdecktes, zukünftiges Lebensglück teilen könne. Eines Abends bei einer coolen Party sah er SIE, die hübscheste Frau, die er jemals in seinem Leben gesehen hatte.

Sie war sichtlich der Traum aller Männer und ihre natürliche Schönheit raubte ihm förmlich den Atem.

Er nahm sich ein Herz sprach sie an und es entwickelte sich eine nette Konversation. Irgendwann im Laufe des Abends sagt er dann zu ihr:»Ich sehe vielleicht nur wie ein gewöhnlicher Mann aus, aber schon in ein paar Jahren wird mein Vater sterben, und ich werde 45 Millionen Euro erben!« Sehr beeindruckt nahm die Frau seine Visitenkarte entgegen. Drei Monate später war sie seine Stiefmutter. Und die Moral von der Geschichte: Frauen sind in Sachen Finanzplanung einfach besser als wir Männer! ☺

Kommunikationsleckerbissen:
Sie: »Hast du mich betrogen?«
Er: »Worauf du dich verlassen kannst.«

Dialog in einem normalen Haushalt:
Sie: »Schatz, wir haben kein Brot mehr, könntest du bitte zum Supermarkt gehen und eins holen? Und wenn sie Eier haben, bring bitte sechs mit.«
Er: »Klar Schatz, mach ich!«
Nach kurzer Zeit kommt er wieder zurück und hat 6 Brote dabei.
Sie: »Warum hast du jetzt bitte 6 Brote gekauft???«
Er: »Weil sie Eier hatten.«

Dies zeigt zweierlei:
1. Warum klar formulierte Anweisungen wichtig sind.
2. Warum Männer so häufig Probleme haben, Frauen zu verstehen.
Denn eines ist sicher: ER hat doch alles richtig gemacht, oder?

Tipps für beide:

- Akzeptieren Sie beide, dass das weibliche »Bin in 5 Minuten fertig« und das männliche »Bin in 5 Minuten zu Hause« die gleiche Zeitspanne ist.

- Werfen Sie nicht Ihr ganzes Geld zusammen und verwalten es gemeinsam. Toll wäre es, wenn jeder ein eigenes Konto hätte. Vor allem für die lieben, kleinen Überraschungen für den anderen – aber auch für große Unvernünftigkeiten für sich selbst.

- Komplimente, Komplimente, Komplimente – ehrliche, überraschende, aufrichtige, originelle! Komplimente sind die schönsten Geschenke, die nichts kosten und enorm viel bringen.

- Fahren Sie unbedingt einmal im Jahr getrennt in den Urlaub. Ob mit Freunden oder ganz allein – jeder, wie er möchte.

- Stehen Sie mit Ihrem Partner auf, wenn sie oder er früh raus muss. Es gibt kaum einen größeren Liebesbeweis, als ebenfalls aus dem Bett zu krabbeln und Kaffee oder Tee zu kochen, statt sich grummelnd unter der flauschigen Decke umzudrehen, wenn der andere in stockdunkelster Nacht zum Flughafen muss.

- Noch ein Tipp, den ich Ihnen von Herzen auch aus eigener Erfahrung mitgebe: Schicken Sie eine kurze SMS, wenn Sie ins Flugzeug einsteigen und dann eines, wenn Sie gut gelandet sind – vollkommen egal, wie sicher Flugreisen sind oder wie knapp die Zeit bis zum ersten Termin ist.

- Schreiben Sie sich den Satz »Wenn es dir wichtig ist, ist es auch mir wichtig« gedanklich auf den Unterarm.

- Hat schon Mama, Oma und Uroma gesagt: Nie im Streit schlafen gehen. Wie recht sie doch alle haben!

- UND denken Sie immer daran, dass die einzige Person, die man in einer Beziehung ändern kann, man selbst ist.

»In meiner psychologischen Konstitution manifestiert sich eine absolute Dominanz positiver Effekte für eine existente Individualität deiner Person.« (= »Ich liebe dich«, mal anders gesagt!)

Die Beziehungsebene in diesem Buch möchte ich nicht verlassen, ohne Ihnen noch – als medizynischer Geschlechterdolmetsch – die diversen männlichen und weiblichen Sprachcodes in kurzen, knackigen drei Lektionen näher zu bringen!
Vielleicht lässt sich damit in Zukunft die eine oder andere Frustration durch Verständigungsprobleme vermeiden.

LEKTION 1
Vorsicht Gefährlich

1. »GUT«
Das ist das Wort, das Frauen verwenden, um eine Diskussion zu beenden.

2. »NUR 5 MINUTEN«
Wenn sich Frauen anziehen, herrichten, schminken, heißt das mindestens eine halbe Stunde. Fünf Minuten sind nur dann wirklich fünf Minuten, wenn Sie sich vor den Fernseher gesetzt haben und Sie bei der Hausarbeit helfen oder den Müll hinunter tragen sollen.

3. »NICHTS«
Die Ruhe vor dem Sturm. Vorsicht, Alarmstufe rot! Es liegt etwas in der Luft ... Sie sollten auf der Hut sein. Diskussionen, die mit »Nichts« beginnen, enden normalerweise mit »Gut« (siehe Punkt 1) Beispiel: »Hast du was, Schatz?« *»Ach es ist nichts, gar nichts ...«*

4. »JA, MACH RUHIG« (Variante: »GEH NUR«)

Das ist bitte keine Erlaubnis, sondern eine Herausforderung. Machen Sie es ja nicht! Die Konsequenz: »Wenn du es tust, bringe ich dich zumindest um, wenn nicht Schlimmeres!«

5. »DER TIEFE SEUFZER«

Auch wenn es eine nichtverbale Äußerung ist, es handelt sich quasi um ein Wort, das von den Männern oft missverstanden wird. Der tiefe Seufzer bedeutet, dass sie Sie für einen Idioten hält und sich fragt, warum sie die Zeit für eine Diskussion über »Nichts« mit Ihnen verschwendet. Bezüglich der Bedeutung des Wortes »Nichts» betrachten Sie nochmals Punkt 3.

6. »OK«

Ok heißt: »Nichts ist Ok! Ok?« Das ist eines der gefährlichsten Worte, das eine Frau einem Mann sagen kann. Es bedeutet, dass sie lange und gründlich darüber nachdenken muss, wie sie es Ihnen heimzahlen kann, was auch immer.

7. »DANKE«

Wenn eine Frau »Danke« sagt, nehmen Sie das kommentarlos zur Kenntnis, sie will Ihnen für etwas danken. Allerdings, wenn sie »Tausend Dank« sagt, ist das reiner Sarkasmus und sie will Ihnen gar nicht danken. In solch einem Fall dürfen Sie keinesfalls mit »Gern geschehen« antworten, denn das könnte ihrerseits zu einem »Mach was du willst« führen (siehe auch den folgenden Punkt 8).

8. »MACH WAS DU WILLST«

Das ist die weibliche, nur nach außen elegant scheinende Form des Götzzitates.

9. »LASS NUR, ICH MACH DAS SCHON«

Das ist eine gefährliche Aussage. Das bedeutet, dass eine Frau Sie schon mehrere Male um etwas ersucht hat. Nachdem Sie ihrer Aufforderung bisher nicht nachgekommen sind, aus welchen Gründen auch immer, weist sie Sie nachdrücklich darauf hin, dass sie das jetzt selbst erledigt. Antworten Sie aber ja nicht mit »Ist was nicht in Ordnung?«, das würde nur zu einer von ihr mit »Nichts« eingeleiteten Diskussion führen (siehe Punkt 3).

LEKTION 2

»Sie sagt und sie meint ...«

sie sagt	sie meint
»Wir brauchen ...«	»Ich will ...«
»Mach, was du willst!«	»Das wirst du bereuen!«
»Wir müssen miteinander reden!«	»Ich muss mich beschweren.«
»Du bist so männlich.«	»Du brauchst eine Rasur und riechst nach Achselschweiß.«
»Sei romantisch und mach das Licht aus!«	»Ich habe Cellulite.«
»Diese Küche ist so unbequem!«	»Ich möchte ein neues Haus. Und neue Möbel, neue Gardinen, neue Tapeten.«
»Liebst du mich?«	»Ich habe vor, dich um etwas sehr Teures zu bitten.«
»Wie sehr liebst du mich?«	»Ich hab heute etwas angestellt, was dir nicht gefallen wird.«
»Ich bin in einer Minute fertig (siehe dazu auch Lektion 1).«	»Zieh dir die Schuhe aus und mach's dir vor dem Fernseher bequem, es dauert noch.«
»Du musst lernen, zu kommunizieren.«	»Du musst lernen, mit mir einer Meinung zu sein.«
»Ich habe ein Geräusch gehört.«	»Ich habe gemerkt, dass du eingeschlafen bist. Und jetzt wieder wach bist.«
»Tut mir leid.«	»Du solltest dich bei mir entschuldigen.«
»Ich bin nicht sauer.«	»Natürlich bin ich sauer, du Vollidiot.«

Analog zum Frauensprachcode gibt es natürlich auch einen für die Männerwelt. Was diese Spezies sagt, wenn sie etwas Bestimmtes meint, hört sich so an:

»Er sagt und er meint ...«

er sagt	er meint
»Ich bin müde.«	» Ich bin müde.«
»Schönes Kleid«	»Tolle Brüste.«
»Was ist los?«	»Ich kann nicht glauben, dass du so eine Tragödie daraus machst.«
»Ja, dein Haarschnitt gefällt mir.«	»Den davor fand ich viel besser.«
»Ja, dein Haarschnitt gefällt mir.«	»Siehst genauso aus wie vorher und bist 100 Euro ärmer.«
»Gehen wir ins Kino?«	»Lass uns Sex machen.«
»Wollen wir essen gehen?«	»Lass uns Sex machen.«
»Darf ich dich anrufen?«	»Lass uns Sex machen.«
»Du siehst angespannt aus. Soll ich dich massieren?«	»... und danach machen wir Sex!«
»Du siehst angespannt aus.«	»Ich denke, das mit dem Sex wird heute Abend nichts mehr.«
»Ich langweile mich.«	»Willst du mit mir schlafen?«
»Ich liebe dich.«	»Lass uns jetzt sofort miteinander schlafen.«
»Ich liebe dich auch.«	»Jetzt habe ich es gesagt, und jetzt können wir endlich Sex machen.«
»Lass uns reden.«	»Ich will, dass du denkst, ich sei ein tiefgehender Mensch, damit du schneller mit mir ins Bett gehst.«
»Willst du mich heiraten?«	»Ich will, dass es illegal wird, dass du mit anderen Männern ins Bett gehst.«

Alter hat Klasse!

>>Altern ist eine Zumutung.<<
Loriot

Wechselwirkungen von Freude, Humor und Leichtigkeit ab den Wechseljahren – **oder der Schmuggel an der Altersgrenze**

Ein Plädoyer für »die jungen Wilden« der Best-Ager: Gefühle wie 20-Jährige nur mit mehr Erfahrung

> Der Arzt Ihres Vertrauens meint: Älter werden ist unvermeidbar, erwachsen werden optional!

In der zweiten Lebenshälfte beginnen die meisten Menschen aus den unterschiedlichsten Gründen, das Altern zu reflektieren oder über den Prozess des Älterwerdens nachzudenken. Als Arzt kann ich nur sagen: Niemand weiß, wann die eigene zweite Lebenshälfte beginnt. Umso wichtiger ist es, mit der eigenen, humorvollen Selbstreflexion des eigenen Daseins möglichst früh zu beginnen, denn es ist eines der besten Dinge, die man für die eigene Seelenbefindlichkeit tun kann. Auch hier im Früh- und Spätherbst des Lebens möge es also heißen: Freude, Humor, Leichtigkeit ja bitte – Frust, nein danke!

Spätestens ab der Wechseljahre wird Ihr Arzt eine Ihrer wichtigsten Vertrauenspersonen, der Sie in- und auswendig kennenlernt. Apropos, haben Sie Ihren Arzt bereits im Kurzwahlspeicher Ihres Handys?
Denn ganz ehrlich: Was soll man bloß daran gut finden, wenn man nicht mehr das machen kann, was man alles vor 20 Jahren machen konnte? Wenn einem dafür die Haare am Kopf ausfallen, um am Rücken, in der Nase und in den Ohren wieder nachzuwachsen?
Laut neuerer Untersuchungen spuken schon in den Köpfen von sechsjährigen Kindern negative Phantasien von den bedauernswerten senilen und in die Jahre gekommenen Alten. Bei solch ne-

gativen Bildern müssen wir uns natürlich dagegen wehren, alt zu werden.

Sind das nun die berühmten *besten Jahre*, die nichts anderes bedeuten, als das die wirklich guten vorbei sind?

Doch mal langsam! Denn wann ist es wirklich soweit? Sie wissen, dass Sie das mittlere Lebensalter überschritten haben, wenn Ihnen alles weh tut und das, was Ihnen wider Erwarten nicht weh tut, nicht mehr funktioniert.

Auf der anderen Seite: Ich verstehe nicht, warum gerade so viele Menschen, Männer wie Frauen, darunter leiden, dass sie schon wieder ein Jahr älter geworden sind. Keinen Geburtstag mehr feiern zu dürfen, DAS wäre eine Katastrophe!

Es gibt drei Perioden in unserem Leben: Kindheit, Jugend und »Du siehst großartig aus«. Und doch sind es die drei großen Lügen speziell des älter werdenden Mannes:
Mit 40: Man ist so alt, wie man sich fühlt.
Mit 50: Man ist so alt, wie man sich fühlt.
Mit 60: Man ist so alt, wie man sich fühlt.

Vielleicht lassen Sie uns das mittlere Lebensalter noch einmal genau betrachten. Es beginnt für viele im Kopf bereits mit 35! Denken Sie nur mal daran, wie Sie mit 16 über Menschen ab 30 dachten! Und dabei kommen etliche mit 70 gerade mal in die Pubertät! Aber wann fängt die Lebensmitte ganz objektiv betrachtet, also statistisch, empirisch und wissenschaftlich, an?

Keine Ahnung. Aus mathematischer Sicht ist diese Mitte besonders schwer zu berechnen, weil man ja den Endpunkt des Lebens nicht kennt, den man durch zwei teilen könnte. Die aktuellen Sterbetafeln gehen in Mitteleuropa von einer mittleren Lebenserwartung, bei Frauen von 83,3 und bei Männern von 78 Jahren aus. Wobei das männliche Geschlecht in den letzten Jahren aufgeholt hat.

Und subjektiv? Vielleicht ein paar Anzeichen, die Sie jetzt bei sich erkennen dürfen. Also blicken Sie mal in den Spiegel. Machen Sie sich frei.

So, genug geschaut. Welche der Symptome treffen auf Sie zu?

Hier klare Anzeichen, dass Sie schon ganz weit in der zweiten Lebenshälfte angekommen sind:

Machen Sie bitte diesen Test!

● Sie wünschen sich wieder Sport zu treiben und schlafen mit der Hoffnung ein, dass der Wunsch möglichst schnell wieder vergeht.

● Sie haben noch Lust, aber erinnern sich nicht mehr worauf!

● Sie setzen die Empfehlung Ihres Arztes, sich wieder mehr im Freien zu bewegen, um, indem Sie mit offenem Fenster Auto fahren.

● Seit einiger Zeit schalten Sie bereits das Licht aus Sparsamkeit aus und nicht wegen eines romantischen Dates oder finden romantische Dinner abstoßend, weil Sie bei Kerzenlicht die Speisekarte nicht mehr lesen können.

● Sie überlegen immer seltener, wenn Sie etwas nur noch schemenhaft wahrnehmen, ob Sie Ihre Brille herausholen sollen oder ob die Neugierde wieder gegen die Eitelkeit siegt.

● Sie sehen in zehn Sekunden im Spiegel (wenn sie nackt sind, in 1 Sekunde), was Ihnen Mutter Natur alles gab und Ihnen Vater Zeit beginnt wegzunehmen.

● Sie wissen mittlerweile so viele Antworten, aber es fragt Sie niemand mehr danach.

● Sie antworten, wenn Ihnen Ihre geliebte beste Ehefrau von allen ins Ohr flüstert: »Schatz, lass uns nach oben gehen und wilden Sex machen« mit »Entscheide dich bitte für eines, beides geht nicht mehr!«

● Sie sehen eine heiße Blondine oder den muskulösen Gärtner im Nachbarsgarten und Ihr Herzschrittmacher öffnet voller Freude das Garagentor.

● Sie befinden sich im mittleren Lebensalter, wenn es Ihnen egal ist, wo Ihr Ehepartner hingegangen ist, solange Sie nicht haben mitgehen müssen.

● »Glücklich sein« bedeutet für Sie, dass Sie Ihr Auto im Parkhaus wiederfinden.

● Sie haben vergessen, was der erste Punkt bei dieser Aufzählung war.

Wenn Sie mehr als drei Tatsachen in Ihrem eigenen Leben wiederentdeckt haben, dann sollten Sie baldmöglichst den Antrag für ein lässiges Seniorenheim stellen. Sonst tun es bald andere für Sie ...

Ultimative Vorteile »reifer« zu sein:

- Entführer und Verführer haben kein Interesse mehr.
- Bei einer Geiselnahme werden Sie wahrscheinlich der Erste sein der freigelassen wird.
- Die Kleidung, die Sie jetzt kaufen, wird nicht mehr unmodern – sie ist es bereits.
- Sie können ohne Sex leben, aber sicher nicht mehr ohne Brille.
- Die Tempolimits auf der Straße sind keine Herausforderung mehr für Sie.
- Das viele Geld, das Sie in die Krankenversicherung investiert haben, beginnt sich endlich zu rentieren.
- Sie können Geheimnisse mit ruhigem Gewissen den Freunden anvertrauen, denn sie werden sich nicht mehr daran erinnern.

> Als Arzt Ihres Vertrauens weiß ich: Unsere Lebenserwartung steigt. Bleibt Ihnen also mehr Zeit, das Leben positiv zu sehen. Und dennoch ist es höchste Zeit, auch das Alter positiv zu sehen.

Gerne assoziieren wir primär das Alter mit chronischen Erkrankungen, Herzkreislaufproblemen, mangelnder Mobilität, dem Übertritt ins Pflegeheim, wir denken an Inkontinenz (viele machen sich beim Wort allein bereits in die Hose) Schlaganfall und Demenz. Und den nahenden Tod.
Faktum ist: Das Altern beginnt mit dem ersten Atemzug und freilich zeigt sich im höheren Lebensabschnitt früher oder später das gelebte Leben in Form von Abnutzung und Krankheiten. Das ist evident und nicht wegzudiskutieren. Und ich sage auch nicht, dass all das so besonders schön ist.

Das Alter wird in unserer Leistungsgesellschaft gezielt ausgeklammert, ja oft sogar tabuisiert, dabei gehört es genauso zum Leben dazu. Ich möchte zumindest versuchen, dem Alter ein wenig den Schrecken zu nehmen.

Auf zu den positiven Aspekten des Alters!

>»Alt werden ist natürlich kein reines Vergnügen.
>Aber denken wir an die einzige Alternative.«
>**Robert Lembke**

Der entscheidende Fehler liegt vor allem in der Wahrnehmung der Altersproblematik in der Öffentlichkeit, im Vergleich zur Statistik. Diese spricht nämlich eine ganz andere Sprache:

Weit über 80 % der 75 bis 80-Jährigen in Mitteleuropa sind weder dement, noch pflegebedürftig, noch inmobil. Im Gegenteil: Alte Menschen verlieren nur geringfügig an geistigen Fähigkeiten und diese sind für das intellektuelle Funktionieren bedeutungslos. Untersuchungen zufolge sind wir zwischen 58 und 77 Jahren am glücklichsten, ja sie zeigen auch, dass ältere Menschen sogar noch große Reserven in den Leistungen aufweisen, die mit dem erworbenen Wissen zusammenhängen.

Hier ist die Einstellung zu unveränderbaren Prozessen, wie eben dem Älterwerden, das Geheimnis für ein anderes, positives Denken. Ist das Alter eine positive Lebensphase – ja oder nein. Es liegt an uns!

Vorbeugung, Prophylaxe, aktive Vorbereitung – probate Mittel für ein gesundes Altern sind: eine ausgewogene Ernährung, Bewegung, Sport (regelmäßiges, wohldosiertes Krafttraining, z. B. zweimal in der Woche, kann das Demenzrisiko um 50 % verringern), wenig Alkoholkonsum usw., sind ja Klassiker in diesem Bereich, was aber oft vergessen wird, ist die seelische, die psychische Vorbereitung:

Gute, agile, am besten etwas jüngere Freunde und Bekannte und eine abwechslungsreiche, geistig fordernde Freizeitgestaltung sind gute Möglichkeiten *jung* alt zu werden. Auch im Herbst des Lebens soll man unbedingt Neues lernen, neue Projekte starten und neugierig bleiben.

Die verrückten Alten, die mit 65 noch einmal durchstarten, ihr Hobby zum Beruf machen oder komplett neue Wege gehen – denen gehört auch im Alter die Zukunft!

Den Begriff *Ruhestand* müsste man daher aus meiner Sicht am besten aus allen sozialpolitischen Wörterbüchern streichen, weil er so gar nicht dem angestrebten vitalen Altern entspricht. Unser Lebenszyklus ist viel mehr durch gesellschaftliche Regeln festgelegt als durch biologische Veränderungen. *Ruhestand* wird dann sehr bald zum *Stillstand* und das ist selten mit positiven Gedanken assoziiert.

Der US Theologe Mc Arthur sagt: »*Man wird nicht alt, weil man eine gewisse Anzahl Jahre gelebt hat. Man wird alt, wenn man seine Ideale aufgibt. Die Jahre zeichnen die Haut; Ideale aufgeben aber zeichnet die Seele.*«

Mein Tipp dazu: Wir brauchen uns nur neue, freche, polarisierende Regeln und Erwartungen für das eigene Älterwerden zu formulieren, dann werden wir uns anders fühlen und verhalten. Dann werden wir keine Angst vor den zukünftigen Geburtstagen haben und mehr dafür tun, um gesund zu bleiben.

Wann ist ein Mensch überhaupt alt?

Während man 1972 Menschen schon mit 50 Jahren zum alten Eisen zählte, neigt man heute dazu, erst die 70-Jährigen dazuzuzählen. In 20 Jahren werden erst die 75-Jährigen die »Alten« sein.

Alter beginnt im Kopf, nicht mit einer Zahl. Wenn das Interesse erlischt, die Neugierde verloren geht, dann wird man alt.

Es gibt junge Menschen, die bereits stillstehen und in ihren Verhaltensweisen uralt sind und Menschen, die weit über 80 Jahre alt sind und vor Vitalität nur so strotzen. Ich selbst kenne einige Kollegen und Freunde, die mit 40 schon »uralt waren« und auch einen »Best Ager« der mit 72 eine neue Hightech Firma gegründet hat.

Sarkastische Bemerkungen wie »Was, du in deinem Alter willst noch ... tun« sollte man eher als Kompliment verstehen: »Super, wir passen nicht in das gängige Bild vom Tattergreis, wir sind in unserem Herzen jung geblieben.«
Dennoch gibt es ein paar entscheidende, schleichende, gemeine Veränderungen, die wir zuerst nicht wahrhaben wollen:

Moderne Kommunikationsmethoden für Senioren, die gar nicht altersentsprechend, aber urcool sind:

1. **So hört sich ein flotter, kreativer Anrufbeantwortertext von modernen Großeltern an:**

- »Hallo ...... momentan sind wir nicht zuhause:

- wenn ihr eines unserer Kinder seid, drückt bitte die eins und wählt die Nummer in der Reihenfolge, in der ihr geboren wurdet, damit wir wissen, wen wir erwarten sollen

- wenn wir auf eure Kinder aufpassen sollen, wählt bitte die 2

- falls ihr euch unser Auto ausborgen wollt, drückt bitte die 3

- wenn wir euch eure Wäsche waschen und bügeln sollen, drückt bitte die 4

- wenn unsere Enkelkinder bei uns schlafen sollen, wählt bitte die 5

- falls wir unsere Enkelkinder von der Schule abholen sollen, drückt bitte die 6

- falls ihr am Sonntag zu uns zum Essen kommen wollt, wählt die 7

- wenn wir das sonntägliche Mittagessen zu euch nachhause bringen sollen, dann drückt bitte die 8

- falls ihr euch von uns Geld leihen wollt, wählt bitte die 9

- habt ihr im Sinn, uns zum Mittagessen einzuladen oder uns ins Theater mitzunehmen ... dann sprecht jetzt – wir hören zu!«

2. Neue SMS Abkürzungen für die Generation 70+++

- BbD – Bin beim Doktor

- BbbFaB – Bin beim besten Freund am Begräbnis

- BmR – Bring meinen Rollstuhl

- BmmZ – Bring mir meine Zähne

- TuiP – Treffen uns im Pensionistenklub

- Wnwib – Weiß nicht, wo ich bin

- HmPv -Habe meine Prothese verlegt

- WsmB – Wo sind meine Brillen?

- Hvwdb – Hab vergessen, wer du bist

> Der Arzt Ihres Vertrauens weiß: Wir können nicht verhindern, dass wir älter werden, wir können aber verhindern, dass wir uns dabei langweilen!

In diesem Sinne:
Jedes Jahr treffen einander ein paar Freunde, um einen tollen Abend zu erleben.

Als sie 40 wurden, trafen sie einander und rätselten, was sie an diesem Abend unternehmen sollten. Sie wurden sich erst nicht einig, aber dann sagte einer: »Lasst uns doch in den Gasthof zum Löwen gehen, die Kellnerin ist extrem hübsch, hat eine traumhafte Figur und das bezauberndste Lächeln der Stadt!«
Gesagt, getan ...

Zehn Jahre später, als sie 50 wurden, trafen sie einander wieder und rätselten erneut, was sie an diesem Abend unternehmen sollten. Sie wurden sich zuerst wieder nicht einig, aber dann sagte einer: »Lasst uns doch in den Gasthof zum Löwen gehen, da isst man sehr gut und die Weinkarte hat ein paar edle Tropfen zu bieten!«
Gesagt, getan ...

Zehn Jahre später, als sie 60 wurden und wieder zusammentrafen, rätselten sie erneut, was sie an diesem Abend unternehmen sollten. Sie wurden sich zuerst wieder nicht einig, aber dann sagte einer: »Lasst uns doch in den Gasthof zum Löwen gehen, da ist es ruhig und es wird nicht geraucht!«
Gesagt, getan ...

Zehn Jahre später, als sie 70 wurden, trafen sie sich wieder und rätselten erneut, was sie an diesem Abend unternehmen sollten. Sie wurden sich zuerst wieder nicht einig, aber dann sagte einer: »Lasst uns doch in den Gasthof zum Löwen gehen, da ist alles rollstuhlgängig, und es gibt einen Lift!«
Gesagt, getan ...

Kürzlich sind sie 80 geworden, trafen sich erneut und rätselten, was sie an diesem Abend unternehmen sollten. Sie wurden sich zuerst wieder nicht einig, aber dann sagte einer: »Lasst uns doch in den Gasthof zum Löwen gehen ...«

Da meinte ein anderer: »Gute Idee, da waren wir noch nie!«

Fazit: Laufen Sie nicht der Vergangenheit nach und verlieren Sie sich nicht in der Zukunft. Die Vergangenheit ist nicht mehr. Die Zukunft ist noch nicht gekommen. Das Leben ist hier und jetzt.

Zweite Meinungen oder Meinungsaustausch mit Wegbegleitern

Wir Ärzte holen uns immer dann eine zweite Meinung ein, wenn wir uns einer Diagnose oder Therapie nicht sicher sind. Doch mal ehrlich, wann sind wir Ärzte uns einer Sache nicht sicher? Nahezu nie. ☺

Deswegen gibt es auch immer einen zweiten Grund für den Wunsch nach einer zweiten Meinung: die Bestätigung der eigenen.

Unter diesen beiden Aspekten habe ich ein paar österreichische und deutsche Kollegen und Wegbegleiter aus den unterschiedlichsten Bereichen gebeten, ihre Sichtweise zu Leichtigkeit, Kommunikation mit Humor und Freude kundzutun.

Wie sehen sie unter diesen freudvollen Aspekten die veränderte Kommunikation unserer Tage, was gilt es zu ändern, um dem Frohsinn statt dem Starrsinn eine Chance zu geben. Was müssen wir wiederentdecken, von welchen Glaubenssätzen müssen wir uns verabschieden und was in unserem Kommunikationsverhalten neu wertschätzend definieren?

ASPEKT 1
Wie kurzweilige Leichtigkeit unser Leben verändert

Aus der Sicht von *Georg Wawschinek*, ein Experte für »Charisma« und begeisternde Kommunikation, mit dem ich nicht nur gemeinsam viele inspirierende Präsentations- und Medientrainings gehalten habe, sondern den ich auch zu meinen sehr geschätzten Freunden zähle.

»Ur-Komisch« – eine Kommunikationsentwicklung, die uns sprachlos macht
»Ein Tipp gleich zu Beginn: Wenn sich Ihr Kind eine Sprachreise wünscht, kaufen Sie ihm ein Tagesticket mit der U-Bahn!

Tatsächlich bildet Sprache unsere Welt ab, das haben wir den Tieren voraus. Und in Strukturen bildet sich die Geduld aus, die wir mit der Welt haben. Lassen Sie mich an zwei Beispielen erklären, was ich damit meine. Ich beginne mit der Struktur und der Geduld.

Unsere Welt ist viel schneller geworden: Haben Sie sich auch schon gefragt, wie wir ohne Handy gearbeitet haben? Wie das war, als wir einfach außer Haus gegangen sind und auf einer Wanderung STUNDENLANG nicht erreichbar waren, ohne dass jemand gleich Polizei, Rettung und Militär verständigt hat? Und ich glaube, dass wir damals für etwas anderes noch mehr Zeit hatten bzw. uns genommen haben: das Erzählen. Ich glaube wirklich, dass es Witze gegeben hat, die ein wenig länger gedauert haben – aber wenn sie gut erzählt wurden, war allein schon die Erzählung ein Vergnügen an sich.

Heute gilt dasselbe wie überall anders: schnell, die Pointe! Wir waren früher weniger abgelenkt. Denn auf einer Almhütte, im Wirtshaus oder beim Kaffeetrinken war nicht immer ein Gedanke im Hinterkopf: Was ist los auf Facebook? Hab ich eine Mail bekommen? Das war eine SMS.

Mir fällt auf, dass die Menschen heute sehr abgelenkt sind und sich nicht mehr lange konzentrieren können. In einer Runde ist alles, was länger als zehn Sekunden dauert schon ewig, die Konzentration bricht weg. Ich sehe immer öfter Menschen an, die diesen etwas leeren Blick haben, hinter dem im Kopf tausend Gedanken zu kreisen scheinen. Mir scheint es heute schwieriger denn je, mit einem Inhalt noch durchzukommen. Wir leben in der Zeit der schnellen Pointe.

Ich will nicht klagen darüber, wir müssen es nur einfach zur Kenntnis nehmen. Die Menschen haben sich durch Technik versucht, mehr Zeit zu schaffen und das Gegenteil ist passiert. Das gilt auch beim Kommunizieren: »In der Kürze liegt die Würze« ist mittlerweile mehr als ein Bonmot – es ist eine Lebenseinstellung. Kurzurlaub, Kurztrip, Kurzbücher, Kurzfilme, Videoclips – das sind Zeichen einer Zeit, die wir als Kommunikatoren nicht übersehen dürfen.

Hier ein Beispiel aus der Medienwelt: Interviews werden selten als Ganzes gesendet, meist finden davon nur stark verkürzte Zitate den Weg on air. Diese O-Töne waren früher oft ein bis zwei Minuten lang – denken Sie an Politiker, wie die ehemaligen Bundeskanzler Dr. Bruno Kreisky in Österreich oder Helmut Kohl in Deutschland und wie viel im Vergleich zu heute davon on air war.

Heute sind die O-Töne im tagesaktuellen Bereich maximal 30 Sekunden lang – und hier reden wir von einer Ewigkeit.

Die Welt der journalistischen Produktion wird quasi freigegeben – heute kann jeder Mensch über Social Media Kanäle publizieren. Und welche Form setzt sich FREIWILLIG durch? Kürze! Twitter umfasst maximal 140 Zeichen. Der neueste Trend, mit dem z. B. Whaling aufgezeichnet wird (da springen Menschen ins Bild und klatschen wieder nach unten, wie Wale), wird mit der App Vine aufgezeichnet. Sie loopt, also wiederholt Videos und gibt eine Länge vor: sechs Sekunden! Machen Sie mal den Test und posten Sie auf Facebook ein Video in der Länge von drei Minuten und schreiben Sie darunter »Toll, zwingt zum differenzierten Nachdenken. Unbedingt bis zum Ende anschauen.« Und ein zweites, unter das Sie schreiben: »Ich hab mich fast totgelacht!« – Länge sechs Sekunden. Und dann sagen Sie mir, was funktioniert. (Wenn Sie das Ergebnis toppen wollen, schreiben Sie »Look at that idiot!«)

Diesen Gedanken nehmen Sie mit, wenn Sie Ihren nächsten Witz erzählen. Wenn Sie die nächste Geschichte erzählen. Wenn Sie Ihre nächste Präsentation oder Rede halten.
Es gibt zwei Möglichkeiten um gehört zu werden:

- Sie kommunizieren Ziele ganz bewusst kurz und knackig, oder

- Sie erzählen fesselnde, begeisternde Geschichten, die einen nicht mehr loslassen, wodurch die subjektiv gefühlte Zeit in den Hintergrund tritt.

Mit beiden Methoden hätten Sie ein echtes, kommunikatives Frustschutzmittel in Ihrem Talon!

Der zweite Trend ist die Sprache – und hier möchte ich eine Lanze brechen. Ich behaupte mal, dass selbst diese Formulierung »Ich breche eine Lanze für die saubere Sprache«, heute in der U-Bahn Station-Meinungsumfrage mit Unverständnis bestraft würde. Wieso eine Lanze brechen, wenn man – und hier ist unsere neue Zaubersilbe – »ur« einsetzen kann. Diese Silbe »ur« wird heute schon lange nicht mehr nur in der Jugendsprache verwendet. Sie ist ein Symbol für den Untergang der Differenzierung.

Von Uroma bis urgeil

Wir hatten mal zwei Steigerungsformen: Es gab gut, besser und am besten. Heute gibt es gut, urgut und ... tja, dann wird es schwer. Denn »ur« differenziert nicht wirklich. Es ist irgendwo zwischen Komparativ und Superlativ. Machen wir den Unterschied aus: Das Essen war gut. Das Essen war ausgezeichnet. Du hast dich selbst übertroffen. So etwas Feines habe ich lange nicht gegessen. Brillant! Oder einfach: Das war *urgut*. »*Ur*« nimmt uns das Denken ab. Und alles, was uns Denken abnimmt, nimmt uns auf Dauer unsere Menschlichkeit und Entwicklung. Darum gibt es ja auch noch eine klangliche Steigerung, sozusagen, wenn der Superlativ wirklich gemeint wird: Dann wird das »*ur*« verlängert, ein wenig mit dem Kopf genickt und mitunter werden leicht die Augen verdreht. Dann sagt man: »Das war uuuu-uuur-gut«.

Mehr geht dann nicht mehr – das heißt, man steht bei dieser Form der Emotion sprachlich an. Ich denke, es würde viele Menschen befreien, wieder mehr Färbung in ihre Sprache und damit in ihre Emotion zu bringen. Machen Sie das, tun Sie sich und Ihrem Geist etwas Gutes. Spielen Sie mit Worten, denken Sie genau nach, was Sie fühlen und transportieren wollen: Sie werden sehen, das tut gut. Und darüber freut sich bestimmt auch der Arzt Ihres Vertrauens.«

Wie fein man mit Worten spielen kann, wie scharf und tiefsinnig die richtige Verwendung für unser tägliches Miteinander sein kann davon könnte auch meine zweite Wegbegleiterin ein Lied singen. Da das in einem Buch nicht so gut kommt, schreibt sie es lieber auf:

ASPEKT 2
Wo die Leichtigkeit eines Wortes und die Ehrlichkeit einer Frage verloren gegangen sind

Dieser Suche widmet sich: **Nicole Schillinger**, die ich in meiner Funktion als Dozent bei der GSA University kennenlernen durfte. Es war ein besonderes Erlebnis, weil es nicht alle Tage vorkommt, dass eine beruflich scheinbar trockene Brokerin und Bankenmanagerin mit unerwartet frechen Wortwitzkreationen, messerscharfen Pointen und treffenden Gedankenexplosionen und Analysen alltäglicher Situationen nicht nur zu überraschen, sondern auch zu faszinieren vermag.

»Das neue Okay – kleines Wort mit großen Missverständnissen – und warum Sie ab jetzt die Frage »Wie geht's dir« etwas sensibler einsetzen werden

»Okay. Auch Sie haben heute schon mit dem wohl am weitesten verbreiteten Wort der Welt zugestimmt. Okay, vielleicht ist es Ihnen nicht aufgefallen. Halten Sie sich fest, bis zu einhundert Mal pro Tag verwenden wir die US-amerikanische Zustimmungsformel in all ihren Ausprägungen. Okay. O.K. Okidok. ‚kay.

Kein anderes Wort hat einen vergleichbaren Siegeszug rund um den Globus hingelegt. Von Anchorage bis Amsterdam, von Bogota bis Bagdad und von Salzburg bis Shanghai, in Lehmhütten, Iglus, Bauernhäusern und Wolkenkratzern – die universelle Einverständniserklärung unseres täglichen Miteinanders heißt »Okay«.

Während es für Ablehnung und Widerspruch zum Glück keinen gemeinsamen Nenner gibt, wir uns also je nach Gesprächspartner auf No, Non, Nein, Njet oder bù shì (das ist Mandarin!) berufen müssen, wird uns das weltweite Ja-Sagen so leicht gemacht: »Schatz, gehst du bitte vors Zelt und fütterst schnell noch mal die Yaks« – »Okay«. Oder: » Samira, darf ich dich nach dem Kamelrennen auf einen Pfefferminztee einladen?« – »Okay«. Oder auch: »Barack, lass uns eine friedliche Welt anstreben« – »Okay, Wladimir, darauf trinken wir. Sa Sdorowje. Cheers«.

Um die Herkunft des Wortes ranken sich viele Mythen. Die wahrscheinlichste Erklärung zur Entstehungsgeschichte, geht auf das späte 18. Jahrhundert zurück. An der Ostküste Amerikas war es zu jener Zeit unglaublich angesagt, manche Formulierungen absichtlich falsch abzukürzen, ungefähr wie unser heutiges CU für *see you, also* bis bald. O.K. basiert nach dieser Geschichte auf *oll korrect* (bzw. *all correct*, also: alles in Ordnung).

Soweit zu Entstehung und Verbreitung. Aber haben Sie das auch bemerkt? Was seit Kurzem mit unserem positiven und zustimmenden Okay passiert ist? Welche Bedeutung sich klammheimlich eingeschlichen und seine Leichtigkeit getrübt hat? Nein? Ich zeige es Ihnen anhand eines Beispiels. Stellen Sie sich die nachfolgende Situation des alltäglichen Wahnsinns vor:

Der Ehemann kommt nach einem anstrengenden Tag nach Hause, SIE hat sich hübsch gemacht, Gulasch mit Knödeln gekocht und Kerzen angezündet.

SIE: »Liebling, setzt du dich bitte gleich an den Tisch, ich habe dein Lieblingsgericht gemacht.«

ER: »Okay.« (Er würde lieber schweigend vor dem Fernseher Pizza aus dem Karton essen, stimmt aber dennoch zu, ganz im Sinne des lecker dampfenden Gulaschs und des häuslichen Friedens). »Ich zieh mir nur schnell was Bequemes an.«

SIE: »Okay« (Sie versteht zwar nicht, warum sie sich in Schale und er sich gleich in Jogginghosen und Hausschuhe geworfen hat, freut sich aber, dass die Glotze aus bleibt und die beiden mal wieder bei einem romantischen Essen so richtig reden können.)

ER: »So, jetzt können wir essen. Ich muss allerdings nebenher meine Mails checken, okay?«

SIE: »Okay.« (Muss das sein? Aber was soll's. Hauptsache, wir essen zusammen. Außerdem habe ich ein Anliegen, das muss ich gut platzieren.) »Liebling, die Ärzte haben bei meiner Mutter Alzheimer diagnostiziert.«

ER, Blick aufs Smartphone gerichtet: »Okay« (Warum mailt der Kollege Kunze aus der Rechtsabteilung an das gesamte Team, dass unser Vertrag in der von mir gewählten Formulierung ungültig ist?).

SIE: »Meine Mutter kann unmöglich in ihrer Wohnung bleiben.«

ER: »Okay« (Und warum mailt mein Chef plötzlich, dass er mich in dieser Angelegenheit morgen früh um 8 Uhr sprechen will?)

SIE: »Wenn Du nichts dagegen hast, dann zieht meine Mutter zu uns.«

ER: »Okay« (Verdammt, ich hatte mich doch auf die Teamleiterposition beworben. Habe ich mir jetzt die Beförderung versaut? Da muss ich gleich in Ruhe nochmals meine E-Mails lesen, so lange kann das Essen ja nicht mehr dauern. Ich frage sie jetzt besser mal, wie ihr Tag war.) »Wie war denn dein Tag, Zuckerschnute?«

SIE: »Oh Liebling, das ist süß, dass du fragst, er war okay. Ich bin allerdings wegen meiner Mutter total im Stress. Aber jetzt, da sie zu uns zieht, wird alles viel einfacher. Ich bin so froh, dass das okay für dich ist.«

ER: »Was wird deine Mutter? Spinnst du? Das ist überhaupt nicht okay für mich!« (Was wird ihre Mutter? Spinnt die? Das ist überhaupt nicht okay für mich!)

Ist es Ihnen aufgefallen? An einer bestimmten Stelle hat sich die Bedeutung von Okay von »ich bin einverstanden« auf, die Nachricht ist meinen Ohren zugegangen, abgeschwächt. Der Sender von Okay lässt allerdings den Empfänger von Okay im Dunkeln tappen, ob die Worte des anderen nicht nur seine Ohren, sondern auch sein Großhirn erreicht und seine Zustimmung gefunden haben.
Während ER genauso gut »Mhm«, den in gleichem Maße desinteressierten Vorläufer des neuen »Okay«, hätte grunzen können, hat SIE sein »Okay« als Zustimmung zum Einzug der Mutter aufgefasst (Okay, als Frau gebe ich zu: Wir können nicht ausschließen, dass SIE es ganz bewusst so auffassen wollte!). Ist es denn die Möglichkeit, dass erwachsene Eheleute so aneinander vorbeireden? Fast ist man versucht zu glauben, dass die Kommunikation unter Meerschweinchen-, Giraffen- oder Berggorillapärchen auch nicht holpriger sein kann.

Männer oder Berggorillas – der Vergleich macht sie sicher!
Apropos Berggorillas: Die Männchen dieser Gattung haben mit menschlichen Ehemännern durchaus einiges gemein. Zum Beispiel machen beide nach der morgendlichen Nahrungsaufnahme erst einmal vier Stunden Pause. Wobei – die einen wiegen bis zu 250 kg, bekommen im Alter dichten grauen Pelz im Nacken, den sogenannten Silberrücken und sind zu 15 % gar nicht die biologischen Erzeuger ihrer Nachkommen. Und die anderen haben deutlich längere Arme als Beine, sind reine Pflanzenfresser und leben ausschließlich in Afrika.

Das Okay-Dilemma lässt sich am besten mit der Dienstleistung »Einschreiben mit Rückschein« der Post vergleichen: Der Umschlag mit der Nachricht »Meine Mutter zieht zu uns« geht dem Ehemann zu, welcher den Erhalt mit Datum und Unterschrift (»Okay«) quittiert. Die Ehefrau nimmt den Rückschein (besagtes »Okay«) als Beleg dafür, dass der Ehemann die Nachricht auch gelesen hat. So entstehen folgenschwere Missverständnisse (»Spinnst du? Das ist überhaupt nicht okay für mich!«).

Alles hat 2 Seiten
Es gibt nun eine gute und eine schlechte Nachricht. Die Schlechte zuerst: Das neue Okay bedeutet nichts anderes als: »Was du da erzählst, interessiert mich genauso, als würde auf dem Oktoberfest ein Maßkrug umfallen. Ich mag dir das nur nicht so deutlich ins Gesicht sagen.« Lassen Sie mich Ihnen die Wahrheit ganz schonungslos servieren: Selbst wenn Ihre Kinder beim Trekking in Pakistan von Al-Qaida entführt worden wären, Ihr Chef ist nicht an Details interessiert, wenn er Sie fragt, ob Ihr Wochenende okay war!

Mit dem neuen Okay können Sie sehr schnell wie ein Depp dastehen, wenn Sie dessen Empfänger sind. Die gute Nachricht aber ist: Wenn Sie selbst das neue Okay bewusst aktiv einsetzen, spart es Ihnen eine Menge Zeit und Nerven. Die neugierige Nachbarin, die Sie in epischer Breite darüber aufklärt, dass die verhungerte Wollmaus (Sie waren doch nur drei Wochen in Urlaub!) nicht in die Biotonne gehört – Okay und auf Wiedersehen! Die ehemals beste Freundin, die Ihnen bei Lederleggings ungefragt zur nächsthöheren Kleidergröße rät (»Du bist einfach zu klein für dein Gewicht«) – Okay und tschüss. Der Vorstadtcasanova-Kollege, der in der

Kantine mit seinen Eroberungen des zurückliegenden Wochenendes zu prahlen beginnt (»Alle könnte ich sie haben, alle!«) – Okay und Mahlzeit.

Ich rufe Sie hiermit auf, selbstsüchtige, langweilige und völlig sinnfreie Smalltalk-Attacken Ihrer Mitmenschen mithilfe des neuen Okay zu kontern. Ihre Lebenszeit ist zu kostbar, um sie mit Schwätzern zu vergeuden!«

Jetzt hole ich mir endlich doch noch eine zweite ärztliche Meinung zu der Sache mit den Glückshormonen ein. Stimmt das, Herr Kollege: *Wer nichts für andere tut, tut nichts für sich?*

ASPEKT 3
Gibt es endlich Freude und Glück auf Krankenschein?

Diese Frage beantwortet Dr. Ronny Tekal – auch er ist Arzt – genau genommen Allgemeinmediziner. Anmerkung: Früher hießen die praktische Ärzte. Da sie *praktisch* nie erreichbar waren, ließen sie sich zum Allgemeinmediziner umtaufen. Ob das eine gute Entscheidung war – schließlich steckt im Allgemeinmediziner auch das Wort »GEMEIN« – überlasse ich Ihnen, werte Leserin, geschätzter Leser. Ein überaus sympathischer Künstlerkollege, Kabarettist, Medizinjournalist, Radiomacher, und Buchautor. Er erklärte sich nach einem unserer, immer wieder sehr amüsanten Gespräche über Freude, Glück und was wir dummen Menschen oft daraus machen, bereit, auch seinen ganz persönlichen, medizinisch verklärten Diagnoseblick auf diese emotionalen Gesundheitsfaktoren zu werfen.

Friede, Freude, Eierkuchen

»Glück, so hört man, sei ein Vogel. Das mag stimmen, so wir selbst kein Denkmal sind. Doch was konkret bereitet uns Freude, was macht uns glücklich? Wie viel Gramm von diesem sagenumwobenen Glückshormon muss ich täglich einwerfen, um endlich zufrieden zu sein? Und wenn, wie es heißt, jeder selbst seines Glückes Schmied ist, wie glücklich sind dann die dadurch arbeitslos gewordenen professionellen Schmiede? Kann man also auf Kosten anderer glücklich werden?

Glücksgefühle fühlen sich in spontanen Situationen am wohlsten. Dann kommen sie aus ihren Verstecken hervor. Der Befehl: »Sei fröhlich!« oder die verschärfte Version: »Sei doch verdammt noch einmal fröhlich!« ist für die Glücksgefühle zu furchteinflößend.

Erstes Lächeln

Wenn einem schlafenden Säugling plötzlich ein Lächeln ins Gesicht gezaubert wird, so spricht man davon, dass das Kind gerade von einer Fee geküsst wurde. Viele Forscher, die nicht an Feen glauben, da sie diese nicht vermessen können, sehen dies jedoch etwas nüchterner. Denn ein Mensch könne in diesem Alter im engeren Sinne gar nicht lachen, geschweige denn einen Witz mit einer geschliffenen Pointe verstehen. Vielmehr wären es reflexartige Bewegungen, eine Art Warmlaufen der mimischen Gesichtsmuskulatur, weit entfernt von einem echten Lächeln und eigentlich gar nicht der Rede wert. Eine solch nüchterne Analyse kann den ganzen Zauber auf einen Schlag vernichten. Dennoch: Was auch immer unser Baby bei diesem Lächeln empfindet – sei es ein subtiles Schenkelklopfen über einen Witz, den es in einem vorigen Leben gehört und jetzt erst verstanden hat, oder auch rein gar nichts – auf die Eltern wirkt dieses Lächeln, wie das beste stimmungsaufhellende Medikament der Welt. Auch das haben Wissenschafter nüchtern festgestellt.

> Der Arzt Ihres Vertrauens merkt an: Ich persönlich kenne keine nüchternen Wissenschafter ...Wie auch immer – Lächeln ist höchst ansteckend. Und wie man in den Wald hineingrinst, so lacht es heraus.

Erinnern wir uns an die unbändige Freude, die wir als Kinder in manchen Situationen empfinden konnten: Über dieses eine Bild von dem österreichischen Torschützen mit Dauerwelle und Schnauzbart im Panini-Sticker-Päckchen, über das Auftragen nicht abwaschbarer Farbe an der frisch ausgemalten Wohnzimmerwand oder über das Suchen von Ostereiern im Garten an Omas liebevoller Hand. Diese unbändige Freude hat längst dem zweifelnden und vernünftigen Erwachsenendasein Platz gemacht. Denn wie sinnlos ist das Sammeln von Portraits föngewellter Fußballer, wie ärgerlich eine beschmierte Wand, wie erdrückend diese unnötigen Familienfeste mit dieser dominanten Oma! Irgendwo auf der Strecke haben wir dieses Glück verloren, irgendwo haben wir diese anfangs so verlockend aussehenden Zweifel eingesteckt und gesammelt.

Der Vergleich macht unglücklich

Freude und Glücksempfinden sind höchst individuell und interessanterweise von den äußeren Gegebenheiten meist auch völlig unabhängig, solange keine existentiellen Bedrohungen im Raum stehen. Die Bewohner der reichsten Staaten dieser Erde sind nicht zwangsläufig jene mit dem höchsten Glückskoeffizienten: Es gibt depressive Multimillionäre, fröhliche Scheidungskinder, traurige Popstars, zufriedene Häftlinge und selbst nach fahrlässig verursachten Millionenpleiten, entspannt grinsende Politiker.

Das bedeutet einerseits: Glück lässt sich leider nicht kaufen. Weder bei einer Lottogesellschaft noch bei Amazon. Auf der anderen Seite bedeutet es jedoch: Glück lässt sich zum Glück nicht kaufen! Es ist gratis. Das Glücksgefühl finden wir in uns selbst. Und nur dort. Manche brauchen dazu nur ein wenig in die Sonne zu blicken oder ein Stück Torte zu essen, die meisten müssen schon etwas tiefer schürfen und mitunter braucht es auch professionelle Höhlenforscher, die einen begleiten, um das verborgene Glück ans Licht zu bringen.

Zwar sollen rund 50 % der Fähigkeit, Glück zu empfinden, in unseren Genen liegen, in den Happy-Genes, jedoch sind gerade mal 10 % die »Umstände«, also: geiles Smartphone, geiler Job, geiler Körper, geiles Haustier, geile Familie (in dieser Reihenfolge). Selbst das Glück über einen Lottogewinn hält meist nur kurzfristig. Bald schon treten andere Gefühle in den Vordergrund: Verlustangst etwa, Misstrauen oder Gier. Denn was liegt näher, als das gewonnene Geld zu vervielfachen, durch den Kauf weiterer Lose oder auch Aktien (was bekanntlich dasselbe bedeutet).

Selbst wenn man solchen Zahlenspielen skeptisch gegenüberstehen mag, bleibt hier noch rund 40 % Handlungsspielraum, wie man durch aktives Tun an seinem Glück herumfeilen kann. Übung macht auch hier den Meister. Dazu kommt, dass die Wertschätzung für etwas, das man sich selbst erarbeitet, meist höher ist, als ein fertiges Produkt. »Ikea-Phänomen« nennt man das in der Verhaltensökonomie, in Anlehnung an die Freude über einen eigenhändig zusammengeschraubten Kasten. Bleibt zu hoffen, dass das Glück etwas länger hält.

Für ein Dauerglück sind wir hingegen scheinbar nicht ausgelegt. Denn der Mensch gewöhnt sich an alles – auch ans Glück. Vielmehr ist es das Wechselbad der Gefühle, das letztendlich glücklich machen soll, geht man nach dem Glücksphilosophen Wilhelm Schmid, der die »Fülle des Lebens« als Quelle des Glücks erachtet.

Vorsicht: Gefährlicher Humor
Vielen genügt es jedoch, einfach mehr zu haben. Egal wovon. Hauptsache mehr, als der Nachbar. Hormonell gesehen pusht das unser Testosteron in die Höhe. Bei Mann und Frau gleichermaßen. Das männliche Geschlechtshormon macht auch selbstbewusster, aggressiver und mutiger. Für das Glück sind jedoch andere Botenstoffe zuständig.

Wenn ein Mitmensch auf einer Bananenschale ausrutscht, so ruft dies Freude am Schaden des Mitmenschen hervor. Ist man nett, so hilft man dem Mitmenschen auf und man lacht gemeinsam.

Ist man ein überaus feinfühliger Mensch, so vergeht einem vielleicht das Lachen, da sich der Mitmensch schwer verletzt haben könnte und die Banane möglicherweise aus nicht biologischem Anbau stammt. Dann kippt die Situation ganz rasch ins Traurige.

Tatsächlich kann Humor, so eine US-amerikanische Studie, durchaus auch einen Ausdruck von Aggression darstellen. Der Hautarzt Sam Shuster, passionierter Einradfahrer, untersuchte und kategorisierte die zufälligen Reaktionen von Fremden auf sein ungewöhnliches Hobby. Zeigten sich Kinder neugierig und Frauen eher desinteressiert, so reagierten junge Männer oft mit einem gewitzelten »Na, kein Geld für ein zweites Rad?« Die durchwegs nicht allzu nett gemeinten Bemerkungen hingen, so die Studie, eng mit dem Testosteronspiegel der Witzemacher zusammen. Humor ist scharf, kann demzufolge auch wehtun. Vor allem, wenn er in die Kategorie »Herrenwitze in der Damensauna« fällt.

Humorhormone

Umgekehrt gelingt es, mit Humor seinen Hormonhaushalt in eine positive Richtung zu lenken. Herzhaftes Lachen führt zur Ausschüttung körpereigener Glücksdrogen, es verringert die Konzentration der Stresshormone, es regt die internen Schmerzmedikamente, die Endorphine, an und fördert die Wachstumshormone. Humor lässt uns also wachsen. In jeder Hinsicht. Und in jeder Situation, von der Wiege bis zur Bahre, wie bereits mein Landsmann Johann Nepomuk Nestroy formulierte: »Wenn alle Stricke reißen, hänge ich mich auf!«

Nüchterne Biologie der Freude

Glück, Freude, ein Gefühl, als ob man die Welt umarmen würde und diese unsere Umarmung erwidert. Biologisch betrachtet klingt dieser Rauschzustand allerdings recht nüchtern: Handelt es sich doch um einen rein elektro-biochemisch-neurobiologischen Lernprozess in mehreren Hirnarealen. Das mag desillusionierend wirken, doch zumindest die Forscher sind damit glücklich.

An anderer Stelle hat Sie mein geschätzter Kollege, *(das muss ich schreiben, es ist sein Buch)* – bereits diesbezüglich hormonell vorinformiert.

Zu verdanken haben wir das vor allem den Glückshormonen. Sie vermitteln unserem Gehirn, dass wir uns nun glücklich fühlen dürfen (wobei die überkorrekten Experten diese im Hirn produzierten Substanzen als »Neutrotransmitter«, also Überträgerstoffe zwischen den Nervenzellen bezeichnen, bevor sie selbst dann auch wieder von den »Glückshormonen« sprechen).

Das können unsere Hormone für uns tun

Da wäre zum einen der Klassiker Serotonin. Man weiß, dass die Traurigkeit bei depressiven Menschen mit einem Ungleichgewicht, einem Mangel an Serotonin einhergehen kann. Allerdings befinden sich rund 95 % der gesamten Serotoninmenge nicht im Gehirn, sondern im Magen-Darm-Trakt. Vielleicht ist deshalb bei so vielen Menschen ihr Glück im Arsch.

Es gibt eine ganze Palette von Dingen, die wir tun können, um diesem »Glückshormon« ein wenig auf die Sprünge zu helfen. Da wäre zum Beispiel die »Bewegung an der frischen Luft«. Klingt für die meisten Menschen so attraktiv, wie »Abenteuerurlaub im statistischen Zentralamt«, hat aber was für sich: Denn neben dem Sonnenlicht, das sogar in den düsteren Jahreszeiten für eine bessere Stimmung sorgt, als eine EU-verordnete Sparflammenbirne, sorgt die sportliche Betätigung für ein Ankurbeln der Serotoninproduktion. Das Abbauprodukt des Serotonins ist quasi der Benjamin (übersetzt der »Sohn des Glücks«) unter den Hormonen: das Melatonin. Und dieses wiederum versetzt uns abends in einen wunderbaren, erholsamen Schlaf.

Da wäre außerdem noch das Dopamin, das unser Gefühlszentrum, das limbische System im Zwischenhirn positiv beeinflusst, uns motiviert, Dinge zu tun, die uns glücklich machen, also für die Vorfreude verantwortlich zeichnet, die uns letztendlich lustvoll durchs Leben schreiten lässt. Vorfreude ist bekanntlich die schönste Freude – und in ihrer Intensität völlig unabhängig von der Qualität des Ereignisses.

Schließlich noch das Hormon Oxytocin, unser Kuschel-, Sex-, Liebes-, oder Treuehormon. Dieser Botenstoff hilft nicht nur mit, ein Kind zu gebären oder zu stillen, sondern wird auch beim Orgasmus vermehrt produziert. Es macht glücklicher! Sanfte Berührungen fördern die Freisetzung von Oxytocin. Man kann sich also glücklich streicheln. Noch mehr Spaß hat man allerdings zu zweit! Streicheleinheiten machen nicht nur froh, sie fördern auch die Paarbindung, machen also treu (sofern der Gestreichelte auch tatsächlich berührt werden will!). Sonst kann man zumindest sich selbst treu bleiben.

Auch wenn die neurobiologischen Erkenntnisse zurzeit en vogue sind und es scheint, als ob es genau das wäre, was die Welt im Innersten zusammenhält, ist dies doch nur ein Teil des Ganzen. Die Sprache, derer sich unser Körper bedient, ist nun mal jene von Hormonen und Nervenimpulsen. Was dieser Kommunikation auch immer zugrunde liegt: Die Gene, die Sozialisierung, der Astralleib oder auch der Kuss einer Fee, bleibt uns nach wie vor verborgen. Zum Glück.«

Meine erste Meinung wurde bestätigt! Wie recht er doch hat, der werte Herr Tekal!, – Dr. Tekal natürlich, soviel Zeit muss sein!

ASPEKT 4
Vom Beginn einer deutsch –österreichischen Humorfreundschaft

Last but not least **Eva Ullmann**, ihres Zeichens Begründerin des deutschen Instituts für Humor, die mit ihrem engagierten Team seit Jahren auf verschiedenen Gebieten und mit Struktur, Konzept und Beharrlichkeit, Humor und Freude in die Wirtschaft bringt. Sie traf ich anlässlich eines Vortrags in Berlin und worüber wir dort philosophiert, diskutiert und gelacht haben, lesen Sie ebenfalls in diesem Teil des Buches. Ich kannte sie bis vor einigen Jahren nur von ihren wissenschaftlichen Publikation und Büchern zum Thema Humor in der Wirtschaft und vom Projekt *Arzt mit Humor*.

Immer wieder stolperte ich bei Recherchen über die Leipzigerin und ihr Team, sodass ich mich sehr freute, sie und ihre beiden Kollegen Katrin Hansmeier und Christoph Krause anlässlich meines Vortrags in der Berliner Urania im Januar 2014 persönlich kennenzulernen. Wir verbrachten einen humorigen, sehr interessanten Abend gemeinsam.

Ich fand's echt klasse. Ob sie's ähnlich erlebt hat? Ach, lesen Sie selbst:

»Das Deutsche Institut für Humor macht sich auf den Weg von Leipzig nach Berlin. Humortrainerinnen Katrin Hansmeier, Eva Ullmann und Projektleiter Christoph Krause sind auf dem Weg zum Blind date in Berlin.

Als sie ins Auto einsteigen wollen, fährt an der nahe gelegenen Ampel ein Radfahrer über Rot. Ein Fußgänger schimpft sofort lauthals und zeigt dem Radfahrer den Mittelfinger. Der Beschimpfte grinst und antwortet freudig: »Auf Sie habe ich gewartet – endlich passt mal jemand auf. Danke!« Verdutzt bleibt der Fußgänger an seiner jetzt auch roten Ampel zurück. Schon machen wir die erste Humorentdeckung.

Ankunft in Berlin, Charlottenburg, das Café Paris. Die Sonne brennt. Vier Humorhelden treffen endlich aufeinander. Unscheinbar, unauffällig. Die Waffen der Übertreibung und der Selbstironie stecken im Humorholster. Sie sind zwar in gleicher Mission unterwegs, ihre Reviere haben sie jedoch klar abgesteckt. Ein inspirierendes Treffen kann beginnen.

Der eine aus einem kleinen gallischen Dorf aus Österreich, die drei anderen führen ihre Feldzüge für mehr Wertschätzung und Humor aus dem tiefen Osten heraus durch. Da blitzen erste Humorfunken in der Heldengruppe auf, man tauscht Geschichten und Erfahrungen, Freud und Leid aus.

Humor wirkt! Nicht nur von Zahnarztfrauen empfohlen!
Beeindruckend war die Erfahrung für alle, dass Humor unterschiedliche Wirkungen haben kann. Eva berichtet: »Irgendwann habe ich gemerkt, dass meine Teilnehmer in Vorträgen und Trainings sich entspannen, wenn ich humorvoll mit ihren Widerständen umgehe. Da begann ich, genauer hinzuschauen. Und stellte fest, dass ich eher Verhalten übertreibe, anstatt Menschen abzuwerten. Also wenn jemand mit verschränkten Armen und bösem Blick in den Vortrag kommt, weil er geschickt wurde, dann bleibe ich offen und freundlich in meiner Körpersprache, neige mich leicht zu ihm und sage: »Sie freuen sich total, dass Sie heute hier sein dürfen!« Meist grinst derjenige dann schon und entspannt sich das erste Mal.
Wenn man Widerstände liebe- und humorvoll spiegelt, lassen sich Sorgen und Ängste schnell reduzieren. Z.B. zeigen Teilnehmer in Seminaren oft auch nonverbale Widerstände durch gelangweilte Blicke oder verdrehen die Augen, wenn man sie bittet aufzustehen. Auch hier reicht manchmal ein wohlwollender Kommentar: »Sie sind richtig gespannt und haben Lust auf eine Übung« oder »Sie könnten mich mit Ihrem Blick töten. Ich weiß nicht, ob ich den Tag heute noch überlebe unter Ihren bösen und gelangweilten Blicken.«
Als Trainerin hat man das Signal verstanden, dass es Widerstand gibt, der auch sein darf. Ärger und Ohnmacht sind dann jedoch fehl am Platz. Das ist eine raffinierte Technik von Pädagogen, Trainern und inzwischen auch Ärzten und Pflegepersonal. Und es geht natürlich leichter, wenn man sich mit den Grundlagen der Kommunikation schon beschäftigt hat. Man kann sich selbst bewusst humorvoll gut dastehen lassen oder abwerten. Das hat unterschiedliche Wirkungen auf die Arbeitsatmosphäre in Teams. Diese Erfahrungen machen wir in unseren Seminaren und Vorträgen auch sehr oft.

Ich bin z.B. vor zwei Wochen bei meinem Humorvortrag auf der Treppe zum Mikrofon gestolpert. Vor 200 Zuhörern. Noch bevor ich meinen ersten Satz losgeworden bin. Betretenes Schweigen im Saal. Ich atme tief durch und rapple mich wieder auf. Meine Begrüßung findet ihren Weg: »Herzlich Willkommen meine Damen und Herren. Wie Sie sehen, habe ich mir was ganz Besonderes für Sie überlegt! Warten Sie erst mal auf meinen Abgang!« Ein erleichtertes Lachen geht durch den Saal. Ich hätte auch sagen können: »War ja klar, ich als Blondine hab mich natürlich nicht im Griff. Und kann mich sogar selbst flachlegen.« Auch eine humorvolle Intervention aber etwas distanzierter und aggressiver im Geschmack. Im Abgang etwas bitterer. Wobei natürlich für die Zuschauer beides lustig ist – wenn man sich selbst humorvoll aufwertet oder abwertet, also auf die Schippe nimmt.«

Wo ist Schluss mit lustig?
Christoph erinnert sich an ein Ereignis mit eher unpassendem Humor.

»Eine junge Ärztin auf einer Intensivstation steckt mitten in einer Reanimation und massiert den Brustkorb von Frau Meier. Während Frau Dr. Schmidt um das Leben der betagten Dame kämpft, kommt der Oberarzt, ein alter Hase im Intensivgeschäft mit der aktuellen BGA (Blutgasanalyse) ins Patientenzimmer. Er wirft einen Blick auf BGA und spricht die Ärztin vorwurfsvoll an: »Also Frau Schmidt, die BGA ist gut mit dem Leben zu vereinbaren, da strengen Sie sich mal an!« Die Ärztin blickt auf, kann nicht ganz fassen, was der Oberarzt gerade von sich gegeben hat und sagt, weiter im Takt von »Highway to Hell« auf dem Brustkorb drückend, in Richtung Oberarzt: »Haben Sie gehört Frau Meier? Der Oberarzt sagt, Ihre BGA ist mit dem Leben vereinbar. Jetzt machen Sie mal die Augen wieder auf!«
Als ob der Druck für die Ärztin während der Reanimation nicht schon groß genug wäre, scheint der Oberarzt Moment und Situation überhaupt nicht einschätzen zu können. Die Ärztin reagiert mit Galgenhumor. Wirklich entspannt hat sie der Humor nicht. Manchmal werden professionelle Helfer mit vielen Jahren Erfahrung auch zynisch in ihrem Humor.

Der Arzt Ihres Vertrauens empfiehlt: Sollten Sie auf einen Menschen mit der Diagnose: »kalte Schulter« treffen, so empfiehlt sich die Therapie: »warmer Händedruck!«

Manchmal ist man richtig verdutzt, wenn man andere Menschen als nicht-humorvoll erlebt, bzw. wenn sie nicht auf der eigenen Humorwelle schwimmen. Was nicht bedeutet, dass sie keinen Humor haben. Es ist vielleicht nur nicht derselbe und den gilt es herauszufinden.

Prüfungsfach: Humor
Eine der häufigsten Frage von der Presse ist, ob man Humor jetzt auch noch lernen müsste. Ein sehr deutscher Gedanke, dass man immer neu lernen muss, nicht Bestehendes neugierig genauer reflektieren kann. Sinn für Humor hat jeder Mensch, da sind sich die Humoristen einig. Allerdings pflegen Menschen im Laufe des Lebens diesen Humor sehr unterschiedlich. Diese Entwicklung, das Aufblühen eigener Humorstärken, das Ausgraben verlorenen Humors und die Entwicklung der Unternehmenskultur begleiten alle Anwesenden mit großer Leidenschaft und Kompetenz.

Christoph Krause, mittlerweile promovierter Mediziner gründete in Leipzig einen Stammtisch zum regelmäßigen Austausch von humorvollen Anekdoten für Ärzte. Er benutzt gerne humorvolle Bilder, um die Therapie einem Patienten zugänglicher zu erklären. Manchmal werden auch kleine Geschichten erzählt, die mit einer humorvollen Wendung anders ausgehen können. Ein zusätzliches Angebot ist der Humor-UaK (Unterricht am Krankenbett), in dem die Seminarteilnehmer mit echten Patienten den kommunikativen Zwischenfall üben. Dabei interessieren sich immer öfter auch Klinikleitungen für den Humor, um eine eigene Humorkultur in ihren Krankenhäusern zu fördern, zuzulassen oder zu etablieren. Dabei geht es uns um den Respekt und humorvollen Umgang miteinander.
Schöne motivierende Schlussworte von Katrin Hansmeier: »Schaut den Kindern zu und lernt Humor: Ein Kind hat ein Hemd ange-

zogen und kommt ins Wohnzimmer. Sagt der Papa: »Mensch, wie siehst du denn aus, steck dir das Hemd in die Hose.« Der Junge flitzt in sein Zimmer. Wenige Minuten später kommt er mit nacktem Oberkörper wieder zurück, hat sein Hemd komplett in die Hose gestopft und grinst den Papa an.«

Anmerkung: Das 2005 gegründete Deutsche Institut für Humor veranstaltet Humorseminare, Vorträge und Projekte in Unternehmen und Einrichtungen. Immer wieder inspirieren, kritisieren und entwickeln sie eigene Formate weiter, tauschen sich mit Kollegen aus und vertiefen ihre Vortrags- und Trainerkompetenz. Parallel entstehen weitere Theaterprojekte mit Schülern, eine Kinder-Humor-Ausstellung, Bücher und Hörbücher. Und wenn sie nicht gestorben sind, inspirieren sie sich noch ewig!

3 Berufliches – allen Ernstes?!

Als Arzt Ihres Vertrauens begleite ich Sie natürlich auch bei einer Ihrer Hauptbeschäftigungen neben der Freizeit, der Arbeit – als Betriebsarzt sozusagen. Ich biete Frustschutzmittel gegen alle Businesskrankheiten: Abfuhrmittel, wenn's mit dem Chef mal nicht so geklappt hat, Heulmittel gegen Tränen, Gagenmittel bei Gehaltsverhandlungen – lediglich bei Finanzspritzen muss ich passen.

Denn Freude, Humor und Leichtigkeit sollten wir nicht an der Bürotür abgeben. Lob und Anerkennung, Glückskonzepte im Job und inspirierende, überraschende Aktionen abseits von der Mainstream-Kommunikation bieten ungeahnte Möglichkeiten.

Kommunikation mit der FHL-Formel

FHL = Freude – Humor – Leichtigkeit

FHL – eine Formel, die man sich leicht merken kann: Jeder der drei Bereiche ist enorm wichtig, um neben fachlicher Qualifikation langfristig Erfüllung im Job zu finden, gleichsam ein Prophylaxe-Mittel für Burnout und Co. Starten Sie mit Leichtigkeit, nehmen Sie den Humor dazu und schon spüren Sie Freude. Oder nehmen Sie Freude bewusst wahr und schon kommt die Leichtigkeit dazu und Sie gehen als humorvolles Vorbild durchs Leben.

Humor und Freude im Büroalltag? Ist das nicht verboten?

Wer von Ihnen kann sich noch an die goldenen 20er und 30er Jahre erinnern? Niemand? Gut, dass es den Arzt Ihres Vertrauens gibt. Ich kann mich zwar auch nicht daran erinnern, aber ich habe ein wenig recherchiert:

In den 20er und 30er Jahren des 20. Jahrhunderts waren Lachen, gute Laune und Gespräche während der Mittagspause verboten – so war die Kultur in dieser Zeit z. B. in den aufstrebenden Fordfabriken, die hier Benchmark für die USA und ihre Unternehmen waren, und das nicht nur in wirtschaftlicher Hinsicht.

Im Klartext: Damals haben Mitarbeiter allen Ernstes ihre Jobs aufs Spiel gesetzt, wenn sie im Betrieb gelacht haben, was laut damaligen Vorgesetzten und Meinung die Produktivität sinken ließ. Das gilt heute nicht mal mehr für Ämter ☺

Diese Zeiten sind also Gott sei Dank längst vorbei! Wie ich in meinem Buch »Erst der Spaß, dann das Vergnügen, – mit einem Lachen zu Erfolg« detailliert beschrieben habe, ist Humor in vielen Jobs mittlerweile sehr gefragt.

Aber – es ist noch viel Luft nach oben!

Wer wird den Zuschlag bekommen, wenn es z. B. um einen Versicherungsauftrag geht und die Offerte der diversen Anbieter sich nur marginal unterscheiden. Bestimmt der Berater, der neben erwarteten kompetentem und seriösem Auftreten auch Vertrauen und die richtige Portion Leichtigkeit, Witz und Enthusiasmus vermittelt und nicht sein ernstes, steifes und spaßbefreites Pendant?

Humor – und das ist mittlerweile mehrfach bewiesen – hat einen sehr positiven Einfluss auf das Berufsleben. Diesbezüglich kann man von den Amerikanern einiges lernen: Was sie perfekt können und kultivieren, ist, mit Humor im Job erfolgreich zu sein! So it is.

Laut Umfragen ist für 97 % der amerikanischen CEOs Humor im Job Gold wert, und 60 % von ihnen sind der Auffassung, dass ein lustiges Wesen den Karriereweg erleichtert.

Dass Humor verbindet, besagt auch die Anekdote vom jungen Thomas A. Edison (ja, der mit der Glühbirne), der von einem Aktionär von General Electrics einen kritischen Brief erhielt, in dem die gute Stimmung am Arbeitsplatz für deplatziert befunden wird, vor allem aber sein lautes Lachen nicht nur störe und überhaupt absolut nicht zu seinem sozialen Status, als Vizepräsident des Konzerns, passe!

Diese Kritik nahm der pfiffige Hr. Edison zum Anlass, natürlich nicht seine fröhliche Art zu ändern, sondern zudem das Bild eines lachenden Mönchs an die Wand zu hängen, da er damit zeigen wollte, dass gute Geschäfte für ihn nur dann gemacht werden können, wenn die Mitarbeiter gut gelaunt sind und sich gegenseitig gerne und wertschätzend unterstützen.

»Sie sind zum Arbeiten hier – nicht zum Wohlfühlen!«

Und ob! Lassen Sie den Spaß und die Freude auch im Job zu! Eine These des Glücksforschers und Psychologen Mihaly Csikszentmihalyi (Autor des Buches »Flow im Beruf. Das Geheimnis des Glücks am Arbeitsplatz«) lautet, dass gerade Österreicher und Deutsche dazu neigen, sich die Verbindung von Spaß und Arbeit selbst zu verbieten. Selbst in den offensichtlichen Momenten der Freude und der Entspannung würde eine in unserer Kultur verankerte Grundeinstellung jede Regung von positiven Emotionen, wie Begeisterung, Freude, Glück und Lachen sofort unterbinden, denn: Wir befinden uns ja gerade im Job, und Arbeit darf doch keinen Spaß machen, dann wäre es ja keine Arbeit mehr …
Die Folge kennen Sie: Burnout! Jener Begriff, der nur von Feuerwehrmännern in den Mund genommen werden sollte.

- Burnout kostet Österreich zusätzliche 7 Milliarden on Top des Gesundheitsbudgets, Deutschland 60 Milliarden.

- 20 % aller Frühpensionen wurden durch den Burnout-Prozess verursacht

- 67 % aller Krankheiten haben eine mitunter ausschlaggebende psychosomatische und psychosoziale Komponente (= Mangel am Wohlfühlen und Wertschätzung am Arbeitsplatz!)

Prävention durch ein sensibles, wertschätzendes Miteinander im großen Maßstab könnte enorme Summen sparen, aber dazu muss der Leidensdruck der Unternehmen erst groß genug werden.

TEST »Jetzt schlägt's 13«

Wenn Sie in der Früh aufwachen, freuen Sie sich auf den Job? Freuen Sie sich auf das Tätigkeitsgebiet, Ihre Kollegen, auf Ihre Chefin oder Ihren Chef? Wie gehen Sie an Ihre täglichen Aufgaben und an neue Herausforderungen heran? Sind Sie glücklich mit dem, was Sie tun?

Ihr Job – Frust oder Lust?

- Wann haben Sie zuletzt daran gedacht: »Endlich wieder einmal etwas Neues, Anderes zu machen und eine neue berufliche Herausforderung annehmen«? Sehen Sie diesem mit Freude, Neutralität oder mehr mit Angst und Beklemmung entgegen?

- Können Sie einem Freund/einem Bekannten ohne Probleme zehn Minuten von Ihrem Job erzählen, ohne sich dabei zu langweilen und ohne sich über irgendetwas zu ärgern?

- Jetzt Hand aufs Herz: Hat Sie in letzter Zeit im Freundes- und Bekanntenkreis jemand darauf angesprochen, dass Sie sich vielleicht doch einen neuen Job suchen sollten, da Sie immer öfter über Ihre derzeitige Arbeit sehr negativ und mit einem gewissen Maß an Frustration reden?

- Ist Ihnen im Job irgendwie langweilig, fühlen Sie sich unterfordert? Ist die Arbeit monoton oder abwechslungsreich?

- Wann haben Sie zuletzt abseits Ihres Jobs etwas Neues, Herausforderndes gemacht bzw. etwas Ebensolches dazu gelernt?

- Wenn Sie das Wort »Vorgesetzte(r)« hören, was geht Ihnen da durch den Kopf, welche Eigenschaften, Angewohnheiten, welche emotionalen Dinge?

- Wenn Sie eine neue Idee oder einen Vorschlag zu einem Projekt oder Thema haben, finden Sie, dass Ihre Vorschläge von Kollegen/Ihrem Team von Chef/Chefin gehört, gewürdigt, respektiert, ja vielleicht sogar angenommen werden?

- Ist die Stimmung im Team bzw. in der Abteilung von Businesstalk und Oberflächlichkeit geprägt oder bietet Ihr Arbeitsumfeld auch genügend Raum für Privates, Tiefgehendes, Humorvolles, Witziges?

- Wenn Sie Ihrem Partner von der letzten Arbeitswoche erzählen, fallen Ihnen drei interessante, lustige und positive Punkte bzw. Anekdoten oder Erlebnisse ein?

- Und nun sind Sie wirklich ehrlich zu sich: Wie oft sehen Sie während Ihrer Tätigkeit am Tag auf die Uhr und denken sich z. B. bereits am Montag »Man, also die Woche nimmt auch kein Ende!«

Schaffen Sie es, die Mehrheit der Fragen positiv zu beantworten und finden Sie das Ergebnis cool, so sind Sie mit hoher Wahrscheinlichkeit bestimmt in einem Job, der Ihnen neben ausreichend Kohle zum Großteil auch Freude, Anerkennung und Erfüllung bringt.

Ist jedoch nicht alles ganz so eitel Wonne, sind Sie nachdenklich oder ist sogar das Gegenteil der Fall und die negativen Assoziationen überwiegen, tja dann – dann sollten Sie vielleicht überlegen Ihre aktuelle Arbeitssituation zu verändern.

Am Anfang steht der Spaß: Was sich die Jugend erwartet und wir von ihr zu erwarten haben!

Wie denkt die nachwachsende Generation darüber? Was ist ihr wichtig?

Manfred Tautscher Geschäftsführer von *SINUS-INTEGRAL,* einem der führenden Institute im Bereich der Jugendforschung im deutschsprachigen Raum sagt: »*Nur wer versteht, was die Jugend bewegt, kann sie auch ansprechen und motivieren. Die Welt der Jugend stellt sich besonders im Zeitalter der Digitalisierung deutlich differenziert dar, als noch vor 30 Jahren. Um die Welt der Jugendlichen zu verstehen, reicht eine Zusammenfassung in die* »Generation Y oder Generation X« *bei Weitem nicht aus.*«

»Wir sind jung und brauchen das Glück« – die Generation Y!

Vielleicht gleich einmal eine Begriffsdefinition: Was ist die Generation Y und wer gehört zur ihr?

Wenn in den Medien von der »Generation Y« die Rede ist, ist damit der gut ausgebildete, in Schule und Beruf erfolgreiche, technologie-affine und gut vernetzte Teil der jungen Menschen gemeint, die zwischen 1977 und 1998 geboren wurden. Sie haben ungefähr zwischen 1990 und 2010 ihre Teenager-Zeit erlebt. Selbstverständlich gibt es in diesen Geburtsjahrgängen auch viele Menschen, die bisher maximal einen mittelmäßig erfolgreichen Bildungsweg hinter sich gebracht haben, beruflich wenig erfolgreich und schlecht vernetzt sind und gar nicht dem medialen Bild der »Generation Y«

entsprechen. Das engl. Y wird »why« ausgesprochen und steht demnach für die Frage nach dem Warum dieser Generation!

Ich habe zu dem mir persönlich sehr wichtigen Zukunftsthema »Hat unsere Jugend den Frust oder die Lust?« den engagierten Jugendforscher, Coach und Diplompädagogen, Peter Martin Thomas befragt, der auch maßgeblich an der großen Sinus Jugendstudie beteiligt war. (*http://www.sinus-akademie.de/angebot/themen/ wer-kommt-nach-der-generation-y0.html*)

Er sagt: »Ein Blick auf die Generation Y, so wie sie aus den Medien bekannt ist, ist interessant, weil von diesen jungen Menschen zahlreiche Impulse für eine Veränderung der Arbeitswelt und des Zusammenlebens ausgehen, die für alle ein Gewinn sein können. In jedem Fall haben wir es mit einer Generation zu tun, die sich durch eine große Vielfalt von Werten, Lebensstilen, Kulturen, Zukunftsträumen und Fähigkeiten auszeichnet. Ein großer Teil dieser Generation macht aus der Vielfalt kein Problem, sondern freut sich über die Unterschiedlichkeit der Menschen. Hier sehe ich einen großen Unterschied zu anderen Zeitgenossen.

Wenn sich die erfolgreichen Vertreter der Generation Y in den Medien zu Wort melden, betonen sie, dass ihnen Sinn und Freude an der Arbeit wichtiger sind als Geld und Status. Sie wollen gleichermaßen Spaß bei der Arbeit und in der Freizeit. Wir können von dieser Generation lernen, uns noch ehrlicher zu fragen »Wozu arbeiten wir eigentlich?« und eine Antwort zu finden, die uns zufrieden macht. Geld alleine ist für Viele heute kein ausreichender Grund mehr.

Die erfolgreichen Protagonisten der Generation Y tragen einen Wertewandel in die Arbeitswelt, der in anderen Lebensbereichen schon lange stattgefunden hat: den Wunsch nach individuellen Freiräumen, das Bedürfnis nach Selbstverwirklichung. Sie suchen das Glück nun gleichermaßen in der Arbeit wie in der Familie oder in der Freizeit. Sie beschränken das Glück weder auf das private Leben noch vertagen sie es auf die Zukunft.

Eine große Rolle spielt für die Generation Y daher auch die Vereinbarkeit von Familie und Beruf, denn sie wünschen sich Kinder und möchten ihr Modell von Familie leben. Dabei sind sie offen für vielfältige Formen des Zusammenlebens und lassen sich von bisherigen Tabus nicht bremsen.

Der demografische Wandel, der damit verbundene wachsende Mangel an qualifizierten Mitarbeitern und ihre gute Ausbildung machen es ihnen möglich, ihre Ansprüche durchzusetzen. Die jungen Menschen machen es den älteren Menschen vor, schlechte oder unpassende Rahmenbedingungen nicht grenzenlos auszuhalten, sondern sich gegebenenfalls einen passenderen anderen Ort oder einen anderen Job zu suchen.«

Die Generation Y hat in ihrer Jugend viele Krisen erlebt – z. B. die Anschläge in New York, Finanzkrise – und hat sich so frühzeitig an den Umgang mit Unsicherheit gewöhnt. Wenn das Leben nie wirklich planbar ist, ist es das Beste, sich möglichst viele Optionen offen zu halten. Sie sind Meister des Improvisierens und können es genießen, dass ihr Lebenslauf nicht mehr geradlinig verläuft, sondern vieles Unvorhergesehenes bringt. Sie sind »Egotaktiker«. Entscheidungen werden maßgeblich nach dem aktuellen Wohlbefinden, sowie den persönlichen Vor- und Nachteilen getroffen.

Was können wir von diesem neuen Denken lernen?

Von den erfolgreichen Vertretern der Generation Y können wir lernen, wie es gelingen kann, trotz häufig wechselnder Beziehungen, Mobilität und Flexibilität ein glückliches Leben zu führen. Sie halten die Frage »Wer bin ich?« stets offen und versuchen nicht verzweifelt »das wahre Selbst« zu finden. Nicht wenige junge Menschen haben die Fähigkeit entwickelt, die Gegenwart zu genießen, sich nicht ständig von Ungewissheit und schlechten Nachrichten verunsichern zu lassen und sich trotzdem in kluger Weise vielfältige Möglichkeiten für die Zukunft offen zu halten.

Andererseits haben Untersuchungen der letzten Zeit gezeigt, dass junge Menschen auch wieder nach Sicherheit und Verbindlichkeit suchen. Unternehmen, die einen partizipativen Führungsstil etablieren und eine offene Betriebskultur schaffen, haben gute Chancen, die jungen Menschen zu halten. Sie erwarten insbesondere Feedback und Anerkennung für ihre Arbeit und ihre Fähigkeiten. Dann zeigen sie hohe Leistungsbereitschaft. Wenn die Wünsche und Erwartungen der jungen Menschen in Betrieben aufgegriffen werden, kann das zu größerer Zufriedenheit für alle beitragen. Und: Spaß bei der Arbeit ist ein wichtiges Jobkriterium!

Humor bei der Jobbewerbung? Ja, denn Seriosität und Humor sind durchaus in Einklang zu bringen.

I wanna have fun! Der Weg zum Traumjob? Kreativ auffallen von Beginn der Karriere an, so lautet die Devise! (Quelle: Jobbörse Absolventa)

Eine wirklich innovative kreative Bewerbung stellt die Guerillaversion des Franzosen Victor Petit dar. Er versandte sein Foto mit integriertem QR-Code. Beim Einscannen des Codes per Smartphone wird ein witziges Bewerbungsvideo abgespielt.

Nicht minder kreativ zeigte sich der Amerikaner Alec Brownstein mit seiner Idee, das Phänomen des Ego-Googlens von namhaften Agenturchefs für Bewerbungszwecke auszunutzen. Über Google Adwords (für lumpige 6 Dollar) platzierte er die Werbebotschaft: »*Googling yourself is a lot of fun. Hiring me is fun too.*« Dieser erschien dann, wenn die besagten Agenturchefs ihren eigenen Namen durch den googleschen Suchalgorithmus schickten.

Eine weitere außergewöhnliche Idee, die bestimmt auffällt und zum Schmunzeln anregt, ist ein Bewerbungsschreiben im Design und Form einer Autogrammkarte. Vorne das Foto hinten die Motivationsgründe und die beruflichen Facts.

Nach den kreativen Ideen und den Jobvisionen unserer Jugend möchte ich nochmals zu den vorher skizzierten, wenig erfreulichen Ist-Situationen in unseren Unternehmen zurückkommen und Ihnen mit ein paar konkreten Ideen Möglichkeiten aufzeigen, wie die Therapie dagegen ausschauen könnte. Eine Therapie, die vielleicht motiviert, mal wieder quer, anders und leicht zu denken.

Alltagsrituale – nein, danke!

Hier ist die Antifrust-Aktion gegen: »Das haben wir immer so gemacht!« Schriftlich, mündlich, auf Bestellung, per Mail oder Brief, vielleicht sogar persönlich – in jedem Fall mit Spaß an der Freude – stellen Sie eine neue, zwischenmenschliche Verbindung her.
Wo findet sich diese kleine Freude im tristen Berufsalltag wieder? In den kleinen, sympathischen Überraschungen zwischendurch, mit denen niemand rechnet.

**Trotz Problemen – Danke für eine Bestellung –
endlich einmal anders und kreativ**

Anfang des Jahres bestellte ich für eine neue Moderation ein magisches Kunststück bei einem Zauberfachhändler. Eine von vielen Bestellungen, die man so im Laufe des Jahres bei den verschiedenen Internetshops aufgibt, um nachher zu hoffen, dass man sie nicht aufgeben muss.

So erwartet man sich ja hier auch nicht bei der Bestellbestätigung etwas Außergewöhnliches, aber genau deswegen freut man sich besonders, wenn es in einem scheinbar nüchternen, sterilen unemotionalen Prozess doch noch charmante Überraschungen gibt. Solch eine Überraschung war es, die mich sogar motiviert hat, Ihnen diese »andersartige Bestellbestätigung« als ein Beispiel für sympathische Businesskorrespondenz anzuführen.

Betreff: Ihre Bestellung 6794 ist spurlos verschwunden

Sehr geehrter Herr Dr. Szeliga,
uns ist gerade ein großartiger Zaubertrick gelungen, Sie hätten wirklich dabei sein sollen!
Ihre Bestellung ist plötzlich von unserem Schreibtisch verschwunden.
Spurlos!!! Ein paar Briefmarken, ein Zauberspruch und Puff ... weg war Ihr Umschlag.
Wenn alles gut klappt, dürfte sich dieser Umschlag in wenigen Tagen direkt in Ihrem Briefkasten wieder materialisieren.
Noch einmal vielen Dank für das Vertrauen in unser Unternehmen.
Wir würden uns sehr über Ihr Feedback freuen: Entsprechen die bestellten Effekte Ihren Vorstellungen und konnten Sie andere Menschen damit verzaubern?
Wir freuen uns, von Ihnen zu hören!
Also bis bald mal wieder

TIPPS für mehr Freude, Humor und Leichtigkeit in der Businesskommunikation:

- Wie wär's z.B. mit der Idee Kunden, die sofort bezahlen eine nette Dankesmail zu schreiben mit der Botschaft, dass dies in unserer Zeit, mittlerweile außergewöhnlich ist und deswegen positiv erwähnt gehört.

- Überraschend sein! Setzen Sie auf charmante Überraschungen, vielleicht mal ein Blümchen für jede Kollegin in der Abteilung, auch wenn nicht Valentinstag ist, oder mutieren Sie im Sommer doch einmal zum italienischen Eisverkäufer und sorgen Sie für kühle Abwechslung.

- Business as unusal! Offizielle Kundmachungen, Rundschreiben, Hausordnungen aber auch Abwesenheitsnotizen werden viel eher gelesen, wenn sie pointiert geschrieben und mit etwas Humor gewürzt sind. Auch mit kreativen Speisekarten, die z.B. mit intelligentem Wortwitz garniert sind, beginnt das Genießen schon vor dem Essen.

- Let's have a Party! Feiern Sie, so oft Sie können, auch die kleinen Erfolge zwischendurch. Gute Stimmung bedeutet gute Leistung! Und sagen Sie Ihren Mitarbeitern nicht erst bei der Abschiedsfeier, was für wunderbare Menschen sie sind.

Sag's mal anders, Baby

Wir reden oft viel und oft aneinander vorbei. Dabei erhöhen die richtigen Worte von den richtigen Menschen gesprochen das Zufriedenheitsgefühl von Mitarbeitern in Unternehmen enorm.

Worte schaffen Werte, hier ein paar Formulierungen mit positiver, kraftvoller Wirkung für die Kommunikation mit Kollegen und anderen netten Menschen:

- »Einem Erfolgsmenschen wie Ihnen …«

- »Mit Sicherheit haben Sie es selbst einmal ganz deutlich und angenehm erlebt, als Sie …«

- »Sie als Experte haben sicher schon einmal positiv gespürt …«

- »Bestimmt erinnern Sie sich noch mit Freude daran, als …«

- »Ich bin überzeugt, Sie haben schon die glückliche Erfahrung gemacht, dass ...«

- »Wir alle haben genossen, wie kraftvoll Sie …«

Präsentation, Meeting, Vortrag

Inspirierende Ideen für mehr Freude und Begeisterung bei der Kommunikation von Vorträgen und Präsentationen: »Setzen Sie sich nicht aufs Sofa, setzen Sie sich in Szene.«

> **»Manche Menschen benutzen ihre Intelligenz um etwas zu komplizieren, manche um es zu vereinfachen«.**
> **Erich Kästner**

Nahezu jede Veranstaltung zeichnet sich durch irgendeine Form von Rede oder Präsentation aus. Glücklich sind viele Menschen, wenn es sich dabei lediglich nur um wirkliche Eröffnungsworte handelt, so geschädigt sind wir bereits. Zu viele, langweilige, lähmende, nichtssagende Präsentationen haben wir schon über uns ergehen lassen. Durchschnittlich 85% der Präsentationen gelten als langweilig, 93% als verbesserungswürdig. Und langweilige Vorträge, Präsentationen sorgen für FRUSTRATION. »*Da stiehlt mir wer 30 Minuten meiner Lebenszeit!*«
Dabei ist doch die Präsentation von Inhalten, Werten, Visionen oder Produkten vor großen Gruppen, egal ob als Lehrer, Trainer oder Vortragender, die hohe Schule der Kommunikation. Eine einmalige Chance sein Wissen, seine Erfahrungen, aber auch neue Aufgaben, Veränderungsprozesse oder motivierende Impulse an mehrere Menschen gleichzeitig zu vermitteln.
Außerdem nehmen diese langweiligen und für den Zuhörer unverständlichen Vorträge doch so viel Zeit für Vorbereitung und Zusammenstellung in Anspruch. Mitreißende, bewegende Vorträge zu halten, ist nicht leicht, aber man kann es lernen, wenn man ein paar Spielregeln beherrscht. Warum nutzen so wenig Menschen diese tolle Gelegenheit nicht im richtigen Ausmaß, nicht in der möglichen Dimension?
Ich halte im Jahr durchschnittlich 120-150 Vorträge vor den unterschiedlichsten Zielgruppen, meist sind meine Vorträge eingebettet in eine Tagung, zwischen den diversen Fachvorträgen und Präsentationen des Kunden und den Reden von Geschäftsführer, Betriebsrat & Co. So ist es für mich immer spannend zu beobachten, welche Vorträge kommen gut an, welche schlecht und vor allem das »Warum« dahinter.

Die besten Hausmittel für begeisternde Präsentationen

Symptom: Zeitmangel (meist nur ein Vorwand)
Therapie: Vorbereitungszeitrahmen aufsplitten! Pro Minute Vortrag einen Tag mehr einkalkulieren als geplant (Beispiel: 30 Minuten Vortrag, ein Monat frühere Vorbereitung)

Symptom: Fehlende Einstellung für Bewertung und Wichtigkeit des Vortrags
Therapie: Suchen Sie sich die drei Fakten (nur nicht 27), die für Sie am Wichtigsten, am Spannendsten oder am Originellsten sind und bauen Sie darum Ihren Vortrag.

Symptom: Zuviel Information in zu wenig Zeit
Therapie: Weniger ist mehr! Je mehr Informationen eine Folie enthält, umso mehr verliert sie an Bedeutung. Regel: Wenn alles wichtig ist, ist nichts mehr wichtig! Ansprechende Ästhetik hilft, aber die Form muss der Funktion folgen.

Symptom: Kein oder zu wenig Auseinandersetzung mit Format, Interaktion, technischen und logistischen Möglichkeiten (»wie wirkt was?«). Keine bzw. zu wenig Gedanken über Dramaturgie, Inszenierung und Spannungsbogen.
Therapie: Schauen Sie bei den Profis vorbei! Im Internet finden Sie z.B. unter www.ted.com viele tolle Vorträge und Präsentationsformate zu den unterschiedlichsten Fachthemen – eine wahnsinnig inspirierende Fundgrube!

Symptom: Mangelnder Respekt und Wertschätzung für das Auditorium
Therapie: Überlegen Sie sich etwas, was Sie einzigartig, besonders, außergewöhnlich, sympathisch, anziehend macht. Wenn Sie es nicht wissen, fragen Sie ein paar gute, vor allem aber ehrliche Freunde.
Was können Sie Ihren Zuhörern in den 30 Minuten nicht präsentieren, sondern SCHENKEN? Wenn man jemandem etwas schenkt, überlegt man sich in der Regel sehr genau, womit der Andere eine Freude hat. Unglaubliche, neue Informationen? Bewegende Emotionen? Oder nur langweilige Daten, Zahlen und

Fakten? Wenn Sie vom Publikum gemocht werden wollen, dann müssen SIE es ZUERST lieben! Warum soll Ihnen Ihr Publikum zuhören? Wenn man Sie mag, hört man Ihnen auch zu!

Symptom: Der Vortrag hat kein Unterhaltungspotential.

Therapie: Durch wohl dosiert eingesetzten Humor und Infotainmenttechniken entsteht eine angenehmere Atmosphäre und es bleiben mehr Informationen und diese länger in Erinnerung. Je souveräner Sie sich fühlen, umso häufiger gelingen Ihre Interaktionen, Wortspiele und Gags. Spontaner, schlagfertiger Humor ist zweifellos die sympathischste, attraktivste Form, aber einige Bonmots kann man sich auch gut vorbereiten, um sie dann punktgenau zum richtigen Zeitpunkt in die Freiheit zu lassen.

Alles klar?

Mein ergänzender Rat zu den Therapievorschlägen wäre noch: Wenn Sie keine Zeit, Lust und Engagement haben, sollten Sie schon allein aus Rücksicht und Respekt vor den Zuhörern auf einen Vortrag verzichten.

Natürlich weiß ich aber auch, dass dies im Businesskontext nur sehr schwer möglich ist. Also gilt es hier, wenigstens die wichtigsten Parameter für einen erfolgreichen Auftritt zu kennen und dementsprechend zu handeln.

Und wenn dann doch irgendwann einmal die große Bühne lockt, hier die häufigsten Fehler, die SIE nie machen werden:

- Sie nennen nochmals stolz Ihren Namen, den der Moderator vor einer Minute bereits genannt hat, die Leute könnten ihn ja vergessen haben.

- Sie erzählen überlang, was Sie alles so in Ihrem bisherigen Leben erreicht haben, wie toll Sie sind, in welchen Fachgesellschaften Sie »past vice-president h.c.« sind, wie vielen Zeitungen Sie allein im letzten Monat ein exklusives Interview gegeben haben und dass deswegen alle hier bei der Tagung grenzenlos dankbar sein müssen, dass Sie sich heute hier überhaupt herabgelassen haben vorzutragen.

- Sie klopfen mal kurz ins Pultmikrofon, und – siehe da – es funktioniert.

- Sie verraten am besten gleich zu Beginn mit dem ersten inhaltlichen Chart alles, was Sie sagen werden, da Sie ja weder für Überraschungen sorgen noch die Neugierde der Zuhörer wecken möchten. Das wäre ja noch schöner, wenn hier etwas Außergewöhnliches passiert, was niemand erwartet … (*wenigstens bietet das den Teilnehmern, in Kenntnis der geplanten Inhalte, die Möglichkeit, jetzt bereits den Saal zu verlassen, um die Kaffeepause früher zu beginnen*)

- Sie drücken sich natürlich Ihrem hohen Status und Wissensstand entsprechend ganz bewusst unverständlich aus. Begriffe wie »Divergenzproblematik«, »assoziative Korrelationstheorie« und »Arbitrage Portfolio«, sausen nur so von Ihren Lippen, schließlich haben Sie ja studiert, kennen sich wie kein Zweiter bei diesem Thema aus und wissen genau, wovon Sie reden. Selbstverständlich können Sie auch extrem komplexe anglistische Satzkonstruktionen fehlerfrei aussprechen. Also meistens zumindest …

- Sie schauen die Menschen im Auditorium natürlich nicht an, warum auch, Sie kennen sie ja nicht. Sie blicken dagegen lieber wechselnd gelangweilt über sie hinweg und auf Ihren Monitor oder drehen sich zur Leinwand, um zu bewundern, wie viele Daten, Zahlen und Fakten Ihr Assistent auf eine kleine Powerpoint Folie gequetscht hat. Sensationell!

- Sie zeigen Folien, die Sie mit verbalen Livekommentaren versehen, wie: »*Das brauchen Sie sich jetzt nicht zu merken*«, »*Das ist jetzt nicht wichtig*«, »*Das überspringe ich jetzt, das kommt später noch, … glaube ich*«, oder »*Wo kommt das Chart denn her, – ah, aus einem anderen Vortrag*«.

- Sie verbieten gleich einmal das besonders bei Fachvorträgen beliebte »*Dazwischen-Fragen-Stellen*«. Damit könnte bei der ganzen Fragerei ja schließlich auch Ihre Kompetenz in Frage gestellt oder Ihre nicht vorhandene Dramaturgie gestört werden.

- Sie enden mit »*Ich bedanke mich für die Aufmerksamkeit*«. Originell, denn mit dem Satz hat noch niemand eine Präsentation beendet.

- Oder aber mit:
  »Als Letztes möchte ich mich noch bei meinen Füßen bedanken. Ohne sie würde ich heute nicht hier stehen. Sollte ich vergessen haben, einen der Teilnehmer zu beleidigen, dann bitte ich um Entschuldigung!«

Frech, böse und total überzeichnet? Ja vielleicht, aber ich bin überzeugt, dass das eine oder andere Verhalten Ihnen dennoch nicht ganz unbekannt sein wird.
Vielleicht haben Sie es bei jemand anderem schon so oder so ähnlich erlebt. Natürlich nicht bei sich selbst.

Lob und Dankbarkeit

... von ehrlicher Wertschätzung und einem der wertvollsten Frustschutzmittel

Die Onlineplattform »Kraftwerk Anerkennung« http://de.kw-a. com/ hat eine interessante Umfrage gestartet: In der getesteten Gruppe von 200 Personen eines Unternehmens wurden diesen Mitarbeitern im Schnitt nur alle 75 Tage Lob bzw. Anerkennung ausgesprochen. Noch schlimmer: Waren die Angestellten länger als zehn Jahre im selben Unternehmen tätig, warteten sie durchschnittlich 100 Tage auf ein ehrliches Lob oder ein aufrichtiges Danke.

Die Führungskräfte hingegen gaben an, dass sie häufig und regelmäßig ihre Mitarbeiter loben.

Lob und Wertschätzung oder das Gehalt – was zählt mehr?

In manchen Unternehmen ist alles elektrisch. Sogar beim Gehalt trifft einen der Schlag! Trotzdem sind 60 % der Erwerbstätigen bereit, auf Gehaltserhöhungen zu verzichten, wenn sie dafür mehr spürbare, echte und ehrliche Wertschätzung für Ihre Arbeit bekommen.

Deswegen ist es gut und wichtig, einerseits das Engagement durch wertschätzende Arbeitsbedingungen zu fördern und andererseits auf das große Know-how älterer Arbeitnehmer behutsam achtend und gezielt zuzugreifen. Einige Modelle haben sich hier bereits erfolgreich angepasst. Da in vielen Gesellschaften ältere Menschen als ratgebende Instanz etabliert sind, macht es doch auch Sinn, im Business von deren reichen Erfahrungsschätzen, der Besonnenheit und dem Weitblick zu profitieren und andererseits den »Stammesältesten« damit neue Perspektiven zu geben, als Dankeschön und Wertschätzung für bereits Geleistetes.

Erlauben Sie mir einen kleinen Perspektivwechsel: Wir erwarten von unseren Chefs Wertschätzung, Lob oder sogar mal ein Kompliment. Wann aber waren wir zuletzt dankbar für eine neue berufliche Herausforderung, für die Weiterbildungsmöglichkeit, für den neuen entspannenden Pausenraum? Wann haben wir das »Danke« ausgesprochen?

Vor allem im Beruf, aber auch im Privatleben haben wir im Überfluss verlernt, dankbar zu sein. Sonderleistungen im Job, Incentives, Gratisessensgutscheine, innovative Goodies werden nach kurzer Zeit als Standard definiert, ja als Selbstverständlichkeit wahrgenommen.

Nicht die Glücklichen sind dankbar.
Es sind die Dankbaren, die glücklich sind.
(F. Bacon)

In die gleiche Kerbe schlägt der bekannte amerikanische Philosoph und Schriftsteller Ralph Waldo Emerson, wenn er meint, *man könne letztendlich nur dadurch Zufriedenheit und Herzensruhe erlangen, indem man es sich zur Gewohnheit mache, für alles Gute im Leben dankbar zu sein.* Weiter sagt er sinnbildlich: *»Das Gute ist viel häufiger in unserem Leben anzutreffen, wenn wir die Augen und vor allem das Herz dafür öffnen.«*
Wie sehr Emerson mit dieser philosophischen These recht hatte, zeigen auch viele aktuelle und rezente Forschungsarbeiten sowie wissenschaftliche Studien: Dankbare Menschen führen ein gesünderes, glücklicheres und stressfreieres Leben.
Der Psychologe Dr. Robert Emmons fügt hinzu: »Unser Leben besteht aus einer Vielzahl von Problemen, die gelöst werden müssen. Das Lösen dieser Angelegenheiten führt häufig zu einem emotionalen und körperlichen Zustand, den wir mit Stress bezeichnen.«
»Dankbarkeit,« so sieht es der Experte aus Kalifornien, »ist ein bewährtes, erprobtes und rezeptfreies Mittel gegen diesen Stress.«
In einem sind sich die Forscher in jedem Fall einig: Will man etwas verändern, muss man seine blockierenden Gewohnheiten ändern und zwar konkret, strategisch und langfristig – und sich die vielen positiven Ereignisse, die es ja gibt, bewusst machen.

Das positive Dankbarkeits- und Emotionstagebuch

Glauben Sie mir, es macht viel Freude all das aufzuschreiben, für das man an einem konkreten Tag dankbar ist! Auch das konkrete Bewusstmachen, worüber man sich besonders gefreut, worüber man geschmunzelt, gelacht hat, erhöht Forschungen zufolge gleich auf mehrere Weise das persönliche Wohlbefinden.

Erstens verstärkt ein dankbar verfasstes Tagebuch positive Gedanken. Dies ist insbesondere deswegen nützlich, weil unser Gehirn, wenn es nicht gezielt positiv getriggert oder konditioniert ist, leider die schlechte Eigenschaft hat, sich eher auf negative Dinge zu konzentrieren, sprich auf jene Erlebnisse, die schief gelaufen sind. Außerdem hilft das proaktive Aufschreiben, die Wünsche, Ziele und angestrebten Veränderungen tiefer und damit nachhaltiger zu verankern. Klar, es muss kein Buch sein, Sie können alles auch in den Computer tippen, aber durch das handschriftliche Festhalten Ihrer Gedanken werden diese viel intensiver gespeichert.

Laut Psychologen sollten Sie für dieses gezielte Aufschreiben täglich mindestens zehn Minuten einplanen, um in den vollen Genuss aller damit verbundenen Vorteile zu kommen. Ähnlich dem Start einer Diät, dem Vorsatz, regelmäßig Sport zu betreiben oder ins Fitness Center zu gehen, bedarf es hier – gerade zu Beginn – der Neuorientierung Ihrer Willensstärke, damit Ihr Vorhaben zur Gewohnheit wird. Dabei spielt es keine Rolle, ob Sie lieber gleich morgens nach dem Aufstehen zum Stift greifen oder abends vor dem Einschlafen.

Negatives hat auch etwas Positives, wenn wir aus dem Negativen lernen

Der Ausdruck von Dankbarkeit führt bewiesenermaßen zu mehr Zufriedenheit und Optimismus. Außerdem schrecken dankbare, motivierte Menschen nicht vor den negativen Aspekten des Lebens zurück.

Oft ist es so, dass wir Dankbarkeit dahingehend interpretieren, uns nur auf das Schöne im Leben zu konzentrieren und Negatives außer Acht zu lassen. Das Geheimnis zu einem dankbaren Leben besteht jedoch vielmehr darin, mit Rückschlägen fertig zu werden und diese als Teil des Lebens zu akzeptieren. Daher: Rufen Sie sich ruhig einmal eine schwierige Situation aus Ihrer Vergangenheit ins Gedächtnis. Sie fühlen sich dadurch dankbar für Ihre aktuelle Situation und freuen sich, dass Sie die damaligen Schwierigkeiten überwinden konnten, ja stärker, weiser oder engagierter daraus hervorgegangen sind.

Die Zeit mit lieben Menschen zählt doppelt

Dankbare, empathische Menschen wissen, dass sie es nicht allein soweit geschafft hätten. Aus gutem Grund streben diese ganz gezielt und voll »egoistisch« immer danach, so viel Zeit wie möglich, mit diesen wichtigsten Menschen in ihrem Leben zu verbringen. Dankbarkeit hilft uns also in unseren persönlichen Beziehungen. Wir knüpfen dadurch tiefe Bande und emotionale Verbindungen zu anderen Menschen. Und dies ist einer der wichtigsten Faktoren für mehr Glück und weniger Stress. Das gilt im Privatleben wie im Job!

Ich bin total dankbar eine so tolle Frau an meiner Seite zu haben, ohne die ich nie das geworden wäre, was ich jetzt bin. Ich erinnere mich auch noch gerne an einen meiner Oberärzte, von dem ich nicht nur medizinisch extrem viel gelernt habe, sondern vor allem menschlich und dem ich sehr dankbar dafür bin.

Laut Dr. Michael E. McCullough, Studienleiter an der Universität Miami kommen wir, wenn wir unsere Dankbarkeit diesen Personen in unserem Umfeld gegenüber ausdrücken, den geliebten Menschen emotional enorm näher. Denn so zeigen wir dem anderen offen, wie wir über ihn denken. Dieses tiefe Gefühl der Dankbarkeit kommt einem nicht nur selbst zugute, sondern, so der Wissenschafter: »übertrifft sogar jede andere Gefühlsregung wie z.B. das Gefühl der Freundschaft. Sie ist Teil eines psychologischen Mechanismus, der dafür verantwortlich ist, dass Menschen ihren eigenen Wert in den Augen einer anderen Person höher einschätzen.«

Kleiner Preis – großer Wert

Die kleinen, feinen, wohlüberlegten Überraschungen machen oft den großen Unterschied, wenn es um die Entwicklung von Dankbarkeit geht. Dankbare Menschen haben die Fähigkeit (die dann zur positiven Gewohnheit wird!), sich für jede sympathische Geste und Nettigkeit zu bedanken und sie zu erwidern – ob es sich dabei nun um ein Kompliment, Anerkennung bei einer Aufgabe oder eine unerwartete Schachtel Süßigkeiten handelt.

Und nun werte Ehemänner, geschätzte Ehefrauen dieser Welt – aufgemerkt: Die Forscher der Universität von North Carolina zeigten in Studien, dass diese kleinen Zeichen der Wertschätzung, kombiniert mit der alltäglich bewussten Demonstration von Dankbarkeit, die Chancen auf eine dauerhaft glückliche Partnerschaft erhöhen. In der wissenschaftlichen Arbeit stellte sich ebenfalls heraus, dass tägliche Interaktionen, in denen diese Dankbarkeit füreinander ausgedrückt wird, die Verbindung zwischen Partnern stärken und dafür sorgen, dass sich sowohl Männer als auch Frauen insgesamt zufriedener fühlen. Ist das nicht eine frohe Botschaft?

Facebook & Co mit anderen Augen sehen

Für den einen die Freizeitbeschäftigung Nr. 1, für den anderen der Tod der persönlichen Kommunikation. Egal wie Sie diese Entwicklung sehen, englische Forscher fanden jedenfalls heraus, dass sich positive Gedanken auf sozialen Netzwerken viel schneller verbreiten als negative.

Eine Tatsache, die es erheblich erleichtert, beim Surfen in der unendlichen Weite des Netzes auch eine positive Grundhaltung einzunehmen. Auch hier empfehlen die Verhaltensforscher, auf häufig besuchten Social Media Plattformen, wie z.B. Facebook einen eigenen Ordner mit motivierenden Bildern, Sprüchen und Texten anzulegen und sich diese bei Bedarf anzusehen. Auf diese Weise verbinden Sie elegant täglich besuchte Webseiten mit glücklichen Erinnerungen und motivierenden Gedanken.

Mehr geben als nehmen

Irgendwann kommt der Zeitpunkt, wo jeder von uns Hilfe braucht. Ich weiß das, ich bin Arzt. ☺ Dankbare Menschen sind sich dieser Tatsache besonders bewusst und setzen sich deswegen gerne für andere Menschen ein. Ehrenamtliche Mitarbeiter bei Charity- oder Sozialprojekten sind dankbar für das Gefühl anderen ärmeren und schwächeren Menschen etwas zurückgeben zu können. Durch diese fürsorgliche Arbeit werden auch eigene depressive Verstimmungen verringert und das Wohlbefinden deutlich gesteigert – bestätigt auch eine kürzlich in der Zeitschrift BMC Public Health veröffentlichte Studie.

Move on

Was haben Bewegung, Sport und Fitness mit Dankbarkeit zu tun? Sehr vieles! Bereits 2003 konnte besagter Robert Emmons beweisen, dass Menschen mit einer dankbaren Grundhaltung körperlich aktiver und fitter sind. Dabei stellte sich auch heraus, dass die Studienteilnehmer seltener eine Diät benötigten, rauchten oder übermäßig Alkohol konsumierten. Dankbare Menschen, die körperlich aktiv sind, haben einen gesünderen Körper und Geist. Und deswegen ist Emmons auch überzeugt, dass Dankbarkeit in Kombination mit einer lockeren, positiven Lebenseinstellung, gepaart mit viel Humor, Frohsinn und mit dem ausbalancierten Fokus auf Respekt und Werte, der beste Ansatz für ein gesundes, langes Leben ist. Das kann der Arzt Ihres Vertrauens nur aus vollster Überzeugung unterstützen!

Wertvoll wertgeschätzt

Vielleicht kennt einer von Ihnen den hervorragenden Vortragenden, Trainer und Coach René Borbonus? (http://www.rene-borbonus.de/)
Wir sind beide u.a. bei der GSA, der German Speaker Association tätig und begleiten auch gemeinsam im Rahmen der GSA University mit anderen arrivierten Keynote Speakern neue engagierte Vortragende auf dem Weg ins professionelle Speakerbusiness. Eines seiner Schwerpunktthemen ist Respekt.
Nach einem Vortrag bei einem Kongress wurde ich von meinem Kunden gefragt, ob ich ihm nicht für das kommende Jahr einen weiteren anerkannten Kollegen empfehlen könnte, der gut zur Zielgruppe passt.

Da ich solche Anfragen von Kunden immer als Vertrauensbeweis sehe, empfehle ich natürlich nur exzellente Experten weiter, für die ich die Hand ins Feuer legen kann. Gerne habe ich den Wunsch meines Kunden erfüllt und ihm drei hochkarätige Kollegen empfohlen, darunter auch René Borbonus. Selbstverständlich habe ich René auch darüber in Kenntnis gesetzt, damit er bei einer potentiellen Anfrage des Kunden bereits vorinformiert ist.

Drei Tage später erhielt ich ein kleines Paket, genaugenommen eine Holzbox gefüllt mit kleinen Snacks und Leckereien, – von den sensationellen Schoko Crispies über Kaffee Drops bis zu hirngesunden Cashew Nüssen. Dazu eine Karte mit dem handgeschriebenen Text: *Hallo lieber Roman, ganz herzlichen Dank für Deine Empfehlung an Deinen Kunden. Ich freue mich riesig darüber ... Danke und alles Liebe René!*

Ein einfaches *Danke* hätte es bestimmt auch getan, aber es war eben dieses besondere *Danke,* das mich gefreut und auch berührt hat. Ein *Danke,* das mir so viel wert war, um es hier in diesem Buch zu kommunizieren. Ein *Danke,* das mir zeigt, dass Rene sein Thema nicht nur vorträgt, sondern mit Begeisterung lebt und ein *Danke,* das mich bestimmt wieder – und das ganz freiwillig – bei der nächsten Möglichkeit zur Weiterempfehlung an ihn denken lässt. Es ist halt meistens dieses kleine bisschen *Mehr,* das Persönliche, das spürbar Wertschätzende, das positiv in Erinnerung bleibt und so auch Geschäftsbeziehungen auf ein neues Level hebt. Vielleicht auch mal für Sie der Impuls, darüber nachzudenken, wie Sie Ihren Kunden Mitarbeitern, Kollegen, Lieferanten besonders Danke sagen können.

Freudvolle Inspirationen aus der Chefetage

Gedanken, Ansichten und Meinungen von erfolgreichen Menschen mit dem Herz am rechten Fleck!

Kann man die emotionalen Werte (vor)leben, auch dann, wenn man ganz oben in einem Unternehmen steht, große Verantwortungen trägt, täglich vor neuen, zum Teil schwerwiegenden Entscheidungen steht, bei denen natürlich auch oft die Mitarbeiter, die Kollegen die Hauptrolle spielen und die Aktionäre gierig auf ihre Rendite warten?

Nicht selten werde ich nach meinen Vorträgen oder Seminaren von Teilnehmern damit konfrontiert, dass es schön und wichtig wäre, viele der von mir präsentierten Ideen, Beispiele, Methoden, Verhaltens- und Kulturveränderungen auch in das eigene Unternehmen zu integrieren, es aber scheinbar oft viele Faktoren und MENSCHEN gibt, die dies nicht erkennen, können oder wollen.

Diese Erkenntnis hat mich dazu veranlasst bei fünf erfolgreichen Menschen, die meine Philosophie aus verschiedenen Bereichen kennen, nachzufragen, was ihr ganz persönliches Erfolgsgeheimnis ist, ob sie Leichtigkeit, Freude, Glück und Humor als wichtige Bestandteile davon sehen, ob soziale Kompetenz Hemmschuh oder Booster ihrer Führungsarbeit ist.
Mein Wunsch war es, so ein wenig hinter die Maske des Erfolgs zu blicken, hinter den Vorhang professioneller Managementtätigkeit. Und ich war neugierig, ob meine positiven Erfahrungen in der rauen Wirtschaft reproduzierbar sind, ob es nur ein Wunschdenken meinerseits oder hier die Kraft und Energie von Leichtigkeit und Freude ein wichtiges Thema von und für Führungspersönlichkeiten ist.

Dazu habe ich sehr persönliche Fragen gestellt, um herauszufinden wie sehr eben seriöse Karriereplanung, Status, Hierarchie und die »Business as usual Mentalität« mit Gefühlen und emotionalen Werten, wie Glück, Dankbarkeit und Humor vereinbar sind und für den jeweiligen bisherigen Lebensweg mitunter entscheidend oder sogar prägend waren.

Ob es mir gelungen ist – lesen Sie selbst. In jedem Fall danke ich herzlich folgenden Menschen für Ihre Zeit, Ihre Bereitschaft, Spontaneität und Ehrlichkeit, sich diesem etwas anderen Interview für dieses Buch zu stellen:

- Evelyn Dorn, GF der Dorn Lift AG, Vorsitzende von Frau in der Wirtschaft Vorarlberg (ED)

- Birgit Fenderl, Journalistin und TV Moderatorin beim ORF (BF)

- Udo Hoffmann, Vice President Germany UTC Building & Industrial Systems (UH)

- Harald Biefel Landesdirektor von Bayern, Union Investment Privatfonds GmbH (HB)

- Axel Ebert, Wording Experte, Partner bei Wortwelt® und Identitäter® (AE)

- Ronald König, GF Bechtle AG Deutschland (RK)

- Karl Kainzner, Vorstand der DC Bank AA, CEO und Sprecher des Vorstands (KK)

(Position, Funktion und Verantwortlichkeit verstehen sich zum Stand des Interviews)

Was bedeutet für Sie Glück im Leben generell?
Wie definieren Sie es?

(AE) Eine Tafel Schokolade? Gerade noch über die Straße gekommen zu sein? Am Roulettetisch nichts gesetzt und damit recht behalten zu haben? Kurzfristige Glücksgefühle sind fein – aber oft überbewertet. Goethe schrieb, er sei nur ein paar Wochen im Leben glücklich gewesen. Bismarck schätzte seinen Glücksanteil auf maximal 24 Stunden. Ist Glück wirklich so wichtig? Der Begriff »Glück« ist in den letzten Jahren zu Recht relativiert worden

– weil es ein unscharfer Begriff ist, der häufig auf ein kurzfristiges Hochgefühl, einen »Kick«, abzielt. Dann wären Drogen wahre Glücksbringer! Und »anhaltende Glückseligkeit«, wie sie manch spiritueller Lehrer verspricht, halte ich für eine gefährliche und oberflächliche Illusion, die am Leben vorbei geht. Wichtiger sind für mich Begriffe wie Erfüllung, Zufriedenheit und Sinn. Die Glücksgefühle, die sich daraus ergeben, sind angenehme Nebenprodukte, aber mehr nicht. Es gibt Wichtigeres! Aber wenn schon eine Glücksdefinition, dann die von Theodor Fontane: Was braucht's zum Glücklichsein? Ein gutes Buch, Freunde und keine Zahnschmerzen. (Leider hatte er den guten Wein vergessen.)

(UH) Zuerst einmal Gesundheit, eine intakte Familie, Freunde. Natürlich einen Job, worin ich aufgehen kann. Situationen, wo man sich beweisen kann, Freude darüber, dass ich gefragt werde, helfen kann, sei es mit Erfahrungen oder einfach nur durch Zupacken. Die Erkenntnis, dass wir etwas bewegen können.

(ED) Ich bin überzeugt, dass sich Glück im Leben nicht vom Glück im Job unterscheiden lässt. Wir verbringen den Großteil unseres Lebens im Beruf und somit ist es für mich unumstritten, dass sich diese zwei Komponenten nicht trennen lassen. Beruf und Privat werden immer harmonieren müssen, damit sich der Zustand innerer Zufriedenheit und Ausgeglichenheit einstellen kann. Die Verantwortung, dass Körper, Geist und Seele in Balance sind, liegt einzig und allein bei mir. Und damit wir glücklich im Leben werden, benötigen wir, wie im Beruf auch, ein Ziel. Denn fehlt dieses, können Menschen nicht glücklich werden.

(HB) Ich habe zwei wunderbare Kinder, eine ganz besondere Frau und Eltern, die mich mein Leben lang unterstützen. Auf alle kann ich mich verlassen. Das ist für mich Glück. Wichtig auch für mich, mein Leben in einem optimistischen, offenen und ehrlichen, aber auch manchmal selbstkritischen Umfeld zu leben.

(RK) Glück hat für mich etwas mit Zufriedenheit zu tun. Aber auch das Glück, das wir nicht beeinflussen können, z.B. dass wir in einem der wohlhabendsten und friedlichsten Länder der Welt leben dürfen und hier geboren sind. Auch das Glück zu haben bisher gesund und in Freiheit zu leben und somit die Chance, meine Wünsche und Ideen selbst anzugehen und umzusetzen zu können.

(BF) Ich versuche das Glück auch im Kleinen zu schätzen. Wenn z.b. ein Tag rundum gut war, kann ich auch glücklich sein, wenn grad nicht alle Parameter fürs große Glücksgefühl passen.

Was bedeutet für Sie Glück im Job? Was macht Ihnen im Job besonders Spaß?

(UH) Glück im Job ist jeden Tag gerne »zur Arbeit« zu gehen, mit Menschen zu arbeiten die Lösungen suchen, nicht Probleme. An den Aufgaben zu wachsen, junge Talente weiter zu entwickeln, eigentlich zurückzugeben, was erfahrene Manager mir geboten haben als ich »jung« war. Mir macht es Freude zu sehen, wie sich meine Teams über einen Erfolg freuen, an vermeintlichen »Niederlagen« wachsen, nie aufgeben. Glück im Job bedeutet für mich aber auch, einen Rückhalt in der Familie zu haben, eine starke Frau, die mich auffängt, wenn es mal notwendig ist, eine Tochter, die ihren Weg geht und zumindest ab und zu zulässt, dass wir ihr einen Rat geben.

(HB) Das kann ich nur bestätigen: Jeden Tag aufs Neue die Lust zu verspüren, den Job auszuüben, das ist für mich das wahre Glück.

(KK) Glück, hm gute Frage? Vielleicht jeden Tag mit einem Lächeln ins Büro zu kommen und auch am Abend mit demselben Lächeln wieder nach Hause zu fahren. Es gibt da einen guten Spruch, den ich versuche im Berufsalltag zu leben: »Die Stimmung in einem Unternehmen ist wichtiger als jedes Wissen oder Kapital.«

(ED) Glück im Job bedeutet für mich innere Zufriedenheit. Diese entsteht, wenn ich erkenne, welche Talente und Stärken ich habe und was ich persönlich benötige, um Freude an der Arbeit zu haben. Ich muss wissen, welche Position ich erreichen möchte und was überhaupt mein Ziel ist. Erst, wenn mir bewusst ist, wo mein Weg hinführen soll, erkenne ich den Sinn in meinem Tun.

(RK) Glück hat aus meinem Empfinden heraus ja mehrere Bedeutungen. Zum einen glücklich zu sein, etwas bewegt zu haben und Mitarbeiter oder Kunden für neue Ideen oder Lösungen begeistert und/oder gewonnen zu haben. Und zum anderen Glück im Sinne von erfolgreich sein und ein Projekt oder einen Auftrag gewonnen zu haben. Auch Zufriedenheit mit dem Geleisteten kann Glück sein.

(BF) Mit dem Glück ist das für mich so eine Sache. Das kann »Glück haben« bedeuten, also auch zufällig in den spannenden Job hineinrutschen und weiterkommen. Oder es kann Glück im Sinne von Erfüllung bedeuten. Dann denke ich, hat man Glück im Job, wenn dieser auch nach Jahren noch Spaß macht, einem ein Anliegen ist, die eigenen Interessen zu einem guten Teil in einen Job einfließen. Und wenn dieser Job dann auch noch gut bezahlt ist, dann hat man wohl wirklich Glück gehabt.

Was ist Ihre Lebensphilosophie und können Sie diese in Ihrer Arbeit verwirklichen?

(ED) Das kommt mir rasch über die Lippen: Freude!
»Freude ist eine Liebeserklärung an das Leben.« Das Zitat von J.R. Balling spiegelt meine Lebenseinstellung besonders treffend wider. Wenn ich in meinem Inneren den Sinn und die Freude für mein Tun spüre, fühle ich mich ausgeglichen und zufrieden. Innere Balance und Dankbarkeit helfen mir, Vertrauen in mich, mein Ziel und meine Träume zu setzen.

(AE) Schön, wenn man mit Freude und Spaß drei zentrale Fragen positiv beantworten kann: Habe ich gelebt? Habe ich geliebt? Habe ich etwas bewegt? Auch im Job (das mit der Liebe ist da natürlich platonisch).

(UH) Meine Lebensphilosophie ist ganz einfach: Bewege etwas, bevor Du bewegt wirst! Wir können das verwirklichen, jeden Tag neu, nicht immer einfach, aber es macht Spaß im Team und wir sind erfolgreich! Spaß und Erfolg sind ansteckend.

(RK) Für mich bietet jeder Tag eine neue Chance und ich bin selbst dafür verantwortlich, wie er verläuft (zumindest meistens). Und »Geht nicht, gibt es nicht!« Es gibt immer einen Weg und eine Lösung, jede Veränderung ist auch eine Chance. Diese Grundsätze helfen mir schnell, wieder konzentriert nach vorne zu schauen und die Chancen zu erkennen, die eventuell diese Situation bietet.

(KK) »Lebe deine Träume und träume nicht vom Leben.« Ich möchte gerne jeden Tag Dinge tun, entscheiden, erledigen, von denen ich überzeugt bin, dass sie mein Unternehmen und auch mich weiterbringen. Natürlich geht dies nicht immer. Ich bin jedoch davon überzeugt, dass man zumindest 100 % anstreben soll, um wenigstens mehr als 50 % zu erreichen. Andernfalls limitiert man sich selbst.

Was sind Ihre Führungsgrundsätze? Was macht Ihren Job/Ihre Branche so herausfordernd?

(UH) Führungsgrundsätze … Ich arbeite mit Menschen. Ich erwarte, dass meine Mitarbeiter Verantwortung übernehmen, über den Tellerrand hinaus schauen. Wir wollen Lösungen finden, für unsere Kunden, denn die bezahlen uns. Ich erwarte Fakten, keine Geschichten. Ich akzeptiere Fehler, solange wir daraus lernen. Wir sind ein Serviceunternehmen, wir unterscheiden uns durch unsere Mitarbeiter, unser Auftreten, das Einhalten unserer Zusagen, das ist herausfordernd, jeden Tag.

(HB) Mein Führungsstil ist klar definiert: Durch Vorbildfunktion meine Mitarbeiter mitzureißen. Dabei nehmen die täglich neuen Herausforderungen auf der Welt (weltweite Kapitalmärkte / Umweltkatastrophen z.B. das Erdbeben in Japan mit Auswirkungen auf vom Unternehmen gehaltenen Immobilien in Tokyo) mich in meinem Job stark in Beschlag. Gerade dieses immer neue globale Umfeld und die täglich neuen attraktiven Potentiale prägen mein berufliches Tätigkeitsfeld. Und dabei immer im Kontakt mit Menschen zu stehen – das macht den Job besonders attraktiv. Früh morgens beim Aufstehen noch nicht zu wissen, was alles auf einen zukommt und was der Tag einem abverlangt.

(RK) Mein Führungsgrundsatz ist »ich führe von vorne« und möchte meinen Mitarbeitern ein Vorbild sein. Ich verlange von meinen Mitarbeitern nichts, was ich nicht auch von mir erwarten würde. Ich habe immer eine offene Tür.
Ich habe das große Glück in einem Konzern als eigener Unternehmer arbeiten zu dürfen und kann meine Ziele selbst bestimmen. Das ist eine unglaubliche Freiheit, die ich sehr schätze. Auch die Möglichkeit ganz vorne bei neuen Technologien dabei zu sein zu können, ist nicht alltäglich, also ein *Early Adopter* [1] zu sein.

(AE) Meinen Job machen Werte und Identität spannend aber auch schwierig, weil es viel Einfühlungsvermögen und Kreativität braucht, das Passende zu finden. Oft beschäftigen die Herausforderungen mein Hirn Tag und Nacht. Das ist ebenso schön wie anstrengend.

(BF) In meinem Job hab ich keine Führungsaufgaben – sehr wohl aber als Mutter – und da bin ich (hoffentlich) klar, bestimmt und vor allem liebevoll.

(KK) Ich möchte meine Mitarbeiter jeden Tag zu Höchstleistungen einladen und motivieren. Dabei dürfen der Spaß und das gemeinsame Lachen nicht fehlen. Diese Stimmung überträgt sich mit Sicherheit auch auf unsere Kunden. Die Basis dafür ist das gegenseitige Vertrauen und die richtige Portion an Loyalität. Offener und ehrlicher Umgang miteinander sind für mich von ganz besonderer Bedeutung. In der Sache kann es schon einmal sehr direkt werden, aber nie persönlich beleidigend. Meine Branche – die Finanzbranche – ist von vielen Regulatoren und Vorschriften betroffen. Manchmal ist sehr wenig Platz für Kreativität und Selbstverwirklichung. Umso mehr Bedeutung gewinnt die Stimmung im Unternehmen. Dadurch unterscheiden wir uns von unseren Marktbegleitern.

---

1 Als **Early Adopter** *bezeichnet man Menschen, die die neuesten Technologien oder die neuesten Varianten von Produkten oder modischen Accessoires nutzen.*

Mit welcher Kommunikationsform haben Sie den meisten Erfolg?

(ED) Das persönliche Gespräch ist für mich die wichtigste Kommunikationsform.
Bei keiner anderen Form erkenne ich das Befinden und Verhalten von meinem Gesprächspartner. Körpersprache, Ausdruck und Blick teilen mir viele Informationen mit, die ich bei anderen Kommunikationsformen nicht empfangen kann. Andere Formen der Kommunikation haben bestimmt ihre Berechtigung, werden aber ein persönliches Gespräch nicht ersetzen können.

(RK) Das kann ich nur bestätigen! Für mich ist das persönliche Gespräch mit Menschen das, was mir den meisten Erfolg bringt.

(AE) Ja, Sprechen! Jetzt, wo ich darüber nachdenke, muss ich lachen: weil ich viel für Unternehmen texte.

(UH) Sichtbar sein, am besten persönlich reden können. Klare Worte finden ist das, was ich bevorzuge.

(KK) Da sind wir uns ja alle einig! Natürlich geht heutzutage beinahe nichts mehr ohne »E-Mail«, »SMS«, »Internet« oder »Social Media«. Aber am erfolgreichsten und beinahe ohne Missverständnisse funktioniert das persönliche Gespräch.

Entscheiden Sie impulsiv oder immer nur strategisch strukturiert? Lassen Sie das Bauchgefühl bei Entscheidungsprozessen in Ihrer Position noch zu? Wenn ja, haben Sie hier ein konkretes Beispiel?

(UH) Bauchgefühl hat mich nach Österreich gebracht – und ich bin froh darüber. Also scheint das Bauchgefühl auch in der heutigen Geschäftswelt noch erlaubt zu sein, natürlich nicht nur.
Struktur, eine klare Vorstellung von dem »Wohin« und »Womit« ist unerlässlich. Entscheidungen im Business müssen Fakten zur Grundlage haben, zu einem gewissen Prozentsatz berechenbar sein, Risiken bewerten, geht nicht ohne Fakten.

(AE) Da kann ich nur zustimmen. Intuition und Strategie sind ein dauernder Rückkopplungsprozess. Die größte Kunst ist, die eigene Intuition immer wieder zu nutzen, aber durch die Ratio auch zu relativieren. Dazu gefällt mir der kritische Ausspruch eines Lehrers: »Ja, Sie hatten eine Idee – aber nicht den Charakter, sie wieder zu vergessen.«

Die Psychologie sieht die Prozesse als implizite und explizite Entscheidungen. Erstere sind »ganzheitlicher«, schneller und vielfältiger – aber auch fehleranfälliger. Heute werden die impliziten Entscheidungen (Intuitionen) oft in den Himmel gehoben, das ist eine natürliche Gegenbewegung zur lange Zeit verabsolutierten »Rationalität«. Die expliziten (rationalen, bewussten) Entscheidungen sind langsamer und aufwendig in der Gewichtung der einzelnen Faktoren. Letztendlich bringen sie uns aber den langfristigen Fortschritt und das echte Lernen.

Meine persönliche Lieblingssituation: Ich überlege vor einem schwierigen Meeting genau jede Option, um mich dann in der Situation ganz auf meine Intuition zu verlassen – die ist aber nur dann gut, wenn ich vorher vieles durchdacht habe.

(ED) Also ganz ehrlich, ich entscheide gerne impulsiv. Zwar ist das nicht immer möglich, besonders, wenn es um den wirtschaftlichen Aspekt einer Sache geht. Aber der Bauch spielt ständig mit und lässt sich nicht täuschen. Stellt sich zum Beispiel ein neuer Mitarbeiter vor, dann muss neben der fachlichen Kompetenz auch die zwischenmenschliche Komponente stimmen und die erkennt ausschließlich der Bauch. Das Bauchgefühl ist unsere Intuition. Wenn wir dieser folgen, entscheiden wir selten falsch.

(HB) Meine Entscheidungsprozesse laufen bei Bedarf auch impulsiv aber hoffentlich nie unstrukturiert. Das Bauchgefühl ist auch in meiner Position wichtig, da es um den Umgang mit Menschen geht, die nicht nur strategisch strukturiert denken.

(BF) Ja, ohne gutes Bauchgefühl auch keine gute Entscheidung – Strategie hin oder her.

(KK) Es ist ja alles gesagt, ich denke wir sind hier alle einer Meinung und stehen auch dazu! Vielleicht eines noch: Natürlich liegt jeder endgültigen Entscheidung ein strukturierter und meist auch kalkulierter Prozess zugrunde. Aber ich bin persönlich davon überzeugt, dass nichts im Leben ohne ein gutes Bauchgefühl und den entsprechenden Emotionen erfolgreich zu entscheiden ist. Egal, welche Entscheidung zu treffen ist: Der nötige »Hausverstand« entscheidet über Erfolg und Misserfolg.

Gibt es für Sie individuelle Geheimrezepte für die optimale Kommunikation mit Frauen und Männern?

(UH) Mein Geheimnis bei der Kommunikation mit Frauen: Gut zuhören, das ist lebenswichtig!
Und mit Männern? Männer (nach der Arbeit) verstehen sich auch ohne Worte, ansonsten geht es gut bei einem Bier oder Wein. Die neue Form der Kommunikation ist nebeneinanderstehen und jeder schaut in seinen Black Berry.

(AE) Mein Erfolgsrezept für Frauen: Erzähle nie alles, was Du weißt ☺. Und jetzt ernst gemeint für beide: rezeptfrei kommunizieren. Einfach alle wie Menschen behandeln.

(ED) Zuerst zu den Fakten: Grundsätzlich glaube ich, dass sich die Kommunikation bei Frauen und Männern nicht in vielen Punkten unterscheidet. Jeder Mensch kommuniziert ständig verbal und nonverbal. Allerdings sind viele der »typischen« Eigenschaften anerzogen. Zum Beispiel wird oftmals noch immer in der Erziehung unterschieden und von der Gesellschaft gefordert, wie sich ein anständiges, braves Mädchen oder ein ordentlicher, heranwachsender junger Mann zu verhalten hat.
Aus meiner Sicht und basierend auf vielen Gesprächen in meiner Funktion bei »Frau in der Wirtschaft« können Frauen den Gefühlszustand ihres Gegenübers besser wahrnehmen. Da sie gerne vom anderen mehr erfahren wollen, findet die Kommunikation nicht unbedingt sachlich strukturiert statt. Das erklärt auch, weshalb Frauen so oft vom Thema abkommen und ausschweifen. Sie weichen eher Konflikten aus und fühlen sich wohl, wenn sie ein

Sympathie-Gefühl entstehen lassen können und das Gespräch harmonisch verläuft.

Ich finde, dass sich Frauen viel zu wenig zutrauen. Es mangelt ihnen häufig an Selbstbewusstsein und oft entschuldigen, rechtfertigen oder erklären sie Situationen, ohne dass jemand danach verlangt hat. Ergänzt wird das Ganze dann oft noch durch Verwenden von Floskeln und mit im Konjunktiv formulierten Sätzen.

Männer hingegen kommunizieren straight und klar. Sie wollen gerne Fakten und Lösungen am Tisch haben, gehen eher auf Konfrontationskurs, sprechen aus, was sie denken und geben liebend gerne Anweisungen. Die Gefühlsebene spielt dabei nicht unbedingt die wichtigste Rolle.

Und hier mein ganz geheimes Rezept: Wie eine Fremdsprache, kann auch die Sprache des anderen Geschlechts gelernt und trainiert werden. So können auch Männer und Frauen lernen, den vielen Text, manchmal sogar die Bücher, zwischen den Zeilen zu lesen.

Ich finde auch, dass es gerade in diesem Bereich wichtig ist, den Humor nicht zu verlieren und auch mal über sich selber und über die typisch weiblichen und männlichen Vorgehensweisen zu lachen.

(HB) Mein Zugang dazu: Keine Unterschiede in der Kommunikation zulassen. Na ja, nicht ganz: Subtile Anspielungen, Andeutungen verstehen Männer sehr oft nicht, bzw. sie merken sie nicht mal. Also Männern Dinge ganz klar und deutlich sagen. ☺

Und sonst mein Vorgehen? Die Zeit von Menschen – und hier Frau und Mann gleichermaßen – nicht durch allgemeine Floskeln (langwierige Diskussionen oder Flirten) verbrauchen, sondern klare Themen setzen und zielorientiert vorgehen. Dies sorgt sicherlich im Daily Business oftmals für Irritation, wenn man klar sagt, was man will. Deshalb sind auch politische Debatten für mich sinnlos, da es hier nie darum geht, etwas zu erreichen oder jemanden zu überzeugen, sondern Standpunkte bereits vorher existieren und lediglich Zeit verbraucht wird.

Was ist Ihr bisheriger größter persönlicher »Lerneffekt« im Laufe Ihrer Karriere?

(AE) Wenn du die Menschen, mit denen du zu tun hast, magst und dir ein Thema zu eigen machen kannst, dann geht vieles …
Und: Kein Mumm, kein Ruhm.
Und: Erst grübeln, dann dübeln.
Und: Sei wählerisch mit deinen Kämpfen – manchmal ist Friede besser als Recht haben.
Und: Don't facebook your problems. Face them.
Und: Vieles mehr ☺

(UH) Mein größter »Lerneffekt«: Bleib »Du selbst« …

(ED) In meiner bisherigen Berufslaufbahn habe ich vermehrt entdeckt, wie wichtig es ist, dass man Spaß an der Arbeit hat und auch in einer schwierigen Situation den Humor und die Gelassenheit nicht verliert. Auch wenn einem im Moment nicht zum Lachen zumute ist, sollte man die positiven Seiten daran entdecken und den Blick nach vorne richten.

(RK) Empfangen ist wichtiger als senden. Versetze dich in die Situation/Lage deines Gegenüber und du wirst ihn besser verstehen.

(BF) Ich habe sehr früh und sehr schnell Karriere gemacht. Zu akzeptieren, dass es nicht immer in diesem Tempo weitergeht, war sicher ein Lerneffekt – und nicht nur leicht.

(KK) Vergiss auch als Führungskraft nie, dass du deine Position nur »verliehen« bekommen hast. Dass viele Personen in deiner Umgebung nicht deine Freunde, sondern die Freunde deiner Funktion sind. In dem Moment, wo du nicht mehr Vorstand, Geschäftsführer bist, reduziert sich dein »Freundeskreis« auf ein Minimum. Ich habe das bereits einmal – sehr schmerzhaft – erlebt, wenn man von einem Tag auf den anderen aus Hunderten Telefonen gelöscht ist.

Frage Teil 1: Wenn Sie nicht XX geworden wären, was wäre Ihr Traumjob?
Frage Teil 2: Und warum üben Sie diesen »Traumjob« jetzt noch nicht aus? ☺

(KK) So, jetzt muss es raus: Mein absoluter Traumjob wäre es, Rockmusiker zu sein. Drummer, um genauer zu sein. Leider haben Red Hot Chili Peppers schon einen Schlagzeuger.

(BF) Ich wäre gern Tierärztin geworden – aber nur für gesunde, liebe, junge und schöne Hunde und Katzen. Damit erübrigt sich wohl Frage 2 …

(HB) Traumjob ist für mich nicht die Position, sondern der Inhalt. Entscheidungskompetenz, Führungsspanne, interessante, täglich wechselnde Aufgaben. Dies erfüllt mein Job bei der Union Investment als Verantwortlichen für den Vertrieb unserer Investmentfonds in dem wunderschönen Bayern.
Würde ich diese Rolle nicht einnehmen, würde ich eine vergleichbare mit denselben Attributen suchen. Deshalb ist es wichtig, die Inhalte zu mögen und nicht die Position. Auch der Umgang mit vielen Menschen. Täglich an die zehntausend Beraterinnen und Berater ohne direkten Führungseinfluss nur durch die richtigen Produkte, Vertriebsideen und eine offene, ehrliche und vertrauensvolle Art und Weise zum Vertrieb zu motivieren.

(RK) Architekt oder Winzer wäre einer meiner Alternativen gewesen, dort kann man auch Neues schaffen. Da ich sehr viel Spaß an dem was ich tue habe, ist das einer meiner Traumberufe. Ich habe alle Freiheiten und kann immer wieder neue Dinge schaffen.

Wann haben Sie zuletzt gelacht und können Sie auch über sich lachen. Wenn ja, haben Sie da ein konkretes Beispiel?

(UH) Vor fünf Minuten. Ich habe eine Kollegin gefragt, wie sie mein Kommunikationskonzept mit Frauen findet. (Meine Frau anzurufen habe ich mich nicht getraut.)

(AE) Vor einer Minute. Da hat meine Tochter den nichtliebeswilligen Kater verflucht.

(HB) Ich lache viel und oft und dies ehrlich aus Freude heraus. Das letzte Mal gestern, als mir einer meiner Söhne (zwölf Jahre alt) einen Witz erzählte: Es treffen sich zwei Jäger – beide tot!

(BF) Heute. Mit einer Kollegin über unsere gegenseitigen Erzählungen aus dem Wahnsinn des Alltags zwischen Job und Kind.

(UH) Ja, ich kann natürlich über mich lachen. Meine Frau hat mich einfach mit ihrem iPhone gefilmt, als ich auf der Couch geschlafen habe. Sie glaubt, das ist der Beweis, dass ich schnarche. Ich streite das ab. Ich habe nichts verstanden, es war so laut.

(ED) Aber klar lache ich über mich selbst. Ist ja auch schön, wenn man sich nicht allzu ernst nimmt. Ich finde, das macht einen authentisch und sympathisch!
Und auch hier fällt es mir nicht schwer, ein Beispiel zu nennen: Wir fahren diesen Winter frischfröhlich mit der Familie auf Skiurlaub. Dort angekommen habe ich voller Euphorie und Freude die Koffer ausgepackt. Als der Koffer immer leerer und leerer wurde, gingen mir bestimmte – besonders für den Schiurlaub – wichtige Kleidungsstücke ab. Nein, nicht die Badehose oder der Bikini für die Wellnesseinheit ... Nein, ich pack's nicht! Hab ich doch komplett die Skianzüge vergessen! Schallendes Gelächter brach aus ... Daraufhin war mein Mann so lieb, trat über Nacht wieder die Heimreise an, um die Skianzüge von zu Hause zu holen. Seitdem habe ich ihn nie wiedergesehen. ☺

Von welchem Menschen, von welchem Ereignis und welcher Philosophie können wir aus Ihrer Sicht viel für unsere Leben, beruflich und privat lernen?

(AE) Alain de Botton http://www.theschooloflife.com/ Guy Kawasaki[2], Karl Popper[3], Douglas Adams[4].

(UH) Lernen, zuerst von unseren Eltern, die geben uns die Grundlage. Es gibt viele kluge Philosophien, ich zieh mich hier auf einfache Weisheiten zurück:
»Das Geheimnis des Erfolges ist den Standpunkt des anderen zu verstehen!« (Henry Ford)
»Wer noch nie einen Fehler gemacht hat, hat noch nie etwas Neues versucht.« (Albert Einstein)
»Geht nicht, gibt es nicht!« (ein älterer Kollege während meiner ersten Ausbildung)

(ED) Da fällt mir Charlie Chaplin ein, der es auf den Punkt gebracht hat: *»Jeder Tag, an dem du nicht lächelst, ist ein verlorener Tag.«* Lachen ist so wichtig für jeden Menschen – es verbindet, macht sympathisch und lockert den Alltag auf. Für mich ist wichtig, dass ich mich selbst gerne habe und glücklich bin, erst dann strahle ich das aus und kann mein Umfeld, meine Mitmenschen damit bereichern. Ich denke, es liegt in der Natur, dass wir lieber nette, humorvolle Menschen um uns haben, als schlecht Gelaunte. Letztere rauben einem nämlich enorm viel Energie und Kraft. Und die benötigen wir doch auf unserem Weg zum Ziel!

(RK) Für mich ist der Gründer unseres Unternehmens Herr Gerhard Schick ein großes Vorbild, der konsequent das lebt und um-

---

2 **Guy Kawasaki** (* 30. August 1954 in Honolulu) ist ein Autor, charismatischer Unternehmer und Risikokapitalgeber.

3 Sir **Karl Raimund Popper** (* 28. Juli 1902 in Wien; † 17. September 1994 in London) war ein österreichisch-britischer Philosoph, der unter anderem durch seine Arbeiten zur Erkenntnis- und Wissenschaftstheorie bekannt wurde.

4 **Douglas Noël Adams** (* 11. März 1952 in Cambridge; † 11. Mai 2001 in Santa Barbara, Kalifornien) war ein britischer Schriftsteller. Er wurde vor allem mit der satirischen Science-Fiction-Reihe »Per Anhalter durch die Galaxis« bekannt.

setzt, was er auch von seinem Unternehmen erwartet. Aber auch John F. Kennedy oder auch die Herren Kohl und Gorbatschow, da sie die Wiedervereinigung von Deutschland durchgesetzt haben. Gegen viele Widerstände und einem großen persönlichen Risiko.

(BF) Ich lerne von allen Menschen, die versuchen, im Leben mit all seinen Herausforderungen die positiven Seiten zu sehen und bewusst zu leben.

(KK) Als ich ein Gespräch mit einem meiner Vorgesetzten einmal mit den Worten »*Also, ich ärgere mich so über …*« begonnen habe, hat er mich unterbrochen und gesagt: »*Denke jetzt über diesen – deinen – Satz einmal nach. Weißt du eigentlich, wer da gerade wen ärgert? Also wenn es dir Spaß macht dich selbst zu ärgern – aber bitte ziehe mich da jetzt nicht mit hinein.*«
Und noch ein Zitat, das mich in diesem Zusammenhang begleitet. Ich habe gelesen, was sich Peter Ustinov angeblich als Inschrift auf seinem Grabstein gewünscht hat: »*Bitte den Rasen nicht betreten.*«
Seither sehe ich viele Dinge gelassener.

Was ich noch unbedingt sagen möchte:

(ED) Viele Antworten auf die Fragen, die Sie gestellt haben, waren für mich im Inneren klar, doch sich tiefer damit zu befassen und die Antworten niederzuschreiben, war eine Bereicherung und eine wunderbare Erfahrung für mich.

(HB) Für mich gilt die Aussage eines weisen Mannes: Gib jedem Tag die Chance, der schönste deines Lebens zu sein!

(BF) Carpe Diem!

4 Praktische Tipps vom Privatarzt

Persönliches, Privates und Praktisches

Vor Kurzem bekam ich bei einem Interview folgende Fragen gestellt: »Sagen Sie mal Herr Dr. Szeliga, sind Sie eigentlich immer gut drauf, ärgern Sie sich nie und stehen Sie wirklich jeden Morgen mit einem Lächeln auf und freuen sich darauf, Ihre Umwelt mit Humor, Freude und Leichtigkeit zu begeistern?«

Nein, das bin ich nicht und natürlich gibt es auch bei mir mal Launen, die nicht immer nur gut sind. Aber ich weiß, wie gut es mir tut, wenn sie es sind. Das ist Motivation genug! Dennoch gibt es auch bei mir Grenzen und dann heißt es: Schluss mit Lustig!

Sensibilität macht auch verletzlich –
rasch und schmerzhaft

Für meine Kommunikation ist meine Sensibilität von Vorteil. So kann ich rascher meinen Gegenüber verstehen und einschätzen. Diese Empathie half mir auch enorm bei meiner ärztlichen Tätigkeit mit den Patienten und bei meiner Clownarbeit. Und doch stellt sie mir auch manchmal ein Bein. Es gab wenige Menschen in meinem Leben, die mich durch eine ganz bestimmte, herablassende Art hilflos gemacht haben. Allein das Erscheinen der Telefonnummer auf dem Display hat bei mir Angstzustände und Beklemmung ausgelöst. Interessanterweise waren da auch Menschen dabei, die weder zum näheren Freundes- noch Bekanntenkreis gehört haben, aber mit denen ich dennoch in irgendeiner beruflichen Zwangsbeziehung gestanden habe, wo Ignoranz und Distanz primär nicht möglich waren. Die Hilflosigkeit drückte sich auch in der Form aus, dass jede meiner gewählten Kommunikationsarten, sei es bewusst eingesetzte Freundlichkeit, Aggression, Aussprachen oder Relativierungen usw. keine Veränderung brachte.

Der Arzt Ihres Vertrauens hat herausgefunden, dass so manche Zeitgenossen menschliche Wärme nur dann entwickeln, wenn sie Fieber haben.

Ein wenig Entspannung in mein Denken brachte die Tatsache, dass auch andere Mitarbeiter meiner Agentur mit dieser Person gleichartige Probleme hatten.

Für mich am meisten irritierend war, dass ich als ein Kommunikationsexperte mit einer nachgewiesen gefestigten Psychostruktur, auch aus der besten Hochstimmung heraus durch diesen einen Menschen in der Sekunde in ein beklemmendes, emotionales Tief fiel.

Was lange gärt, wurde endlich Wut. Eine Eskalation war vorprogrammiert, da zog mein Unterbewusstsein endlich die Reißleine.

Es wollte sich nicht mehr verletzen lassen. Abbruch aller Beziehungen und 100 % Distanz. Ich hätte es schon viel früher machen sollen. Jeder Mensch scheint wohl wirklich in unserm Leben entweder ein Test, eine Strafe oder ein Geschenk zu sein.

Vielleicht gibt es auch in Ihrem Umfeld Menschen, die Ihnen durch ihre Art jegliche Form von positivem Denken rauben. Ich weiß jetzt, je früher man das erkennt und je früher man sich von diesen negativen Energieräubern trennt, desto besser ist es für die eigene Seele. Geben Sie keinem anderen Menschen je die Erlaubnis, Ihnen permanent und mit System wehzutun.

Lassen Sie Menschen nie so nah an sich heran, dass sie Ihnen Ihre wichtigsten Lebenselixiere neben der Gesundheit, die Freude, den Humor, die Leichtigkeit, den Respekt und die LIEBE nehmen können.

Leithammel oder Neidhammel

Es gibt noch etwas, wo ich ein wenig das Lachen verlernt habe. Einen Bereich, der mit dem Erfolg gekommen ist. Ich spreche vom Neid derer, die dir den Erfolg wünschen, bis du ihn hast.

Was ist Neid? Es ist eine Mischung aus Minderwertigkeitsgefühlen, Feindseligkeit und Ärger. Neid entsteht, wenn wir uns mit einem anderen vergleichen und feststellen, dass dieser etwas hat, das wir nicht besitzen, aber für sehr erstrebenswert halten. Neidforscher verorten die meisten Neider im Freundes- und Bekanntenkreis.

Neidgefühle entstehen, wenn wir uns mit anderen vergleichen und die Bilanz negativ ausfällt. Wir sind nicht auf alles und jeden neidisch. Wir vergleichen uns meist mit dem Nächsthöheren und nicht mit einem Megastar aus den USA. Und: Wir müssen dem Beneideten in irgendeiner Hinsicht ähnlich sein, um uns vergleichen zu können. Außerdem beneiden wir andere nur um Dinge, die für uns persönlich wichtig sind. Neid ist die Motivation der Zurückgebliebenen.
Es ist so: Denken wir nicht viel seltener an das, was wir haben, als an das, was uns fehlt?

Wenn ich spüre, dass mir ein bekannter, befreundeter Mensch den Erfolg nicht gönnt, noch dazu, obwohl er weiß, wie viel Arbeit und Entbehrungen dahinter stecken, dann kränkt mich das sehr!
Man kann diesen Neidhammeln natürlich Folgendes empfehlen: Prüfe doch einmal kritisch, ob mein Leben wirklich so beneidenswert ist oder ob es nicht auch Schattenseiten in meinem Vortrags-Tourleben gibt. Willst du wirklich mit mir tauschen? Wochenenden auf Flughäfen herumlungern, Nächte auf der Autobahn verbringen, immer wieder über Honorare diskutieren? Was würde sich denn dann in DEINEM Leben verändern?

Oder warum rechtfertigen? Noch besser, Sie machen es wie Arthur Schoppenhauer: Genieße einfach den Neid. Er ist die höchste Form der Anerkennung!

CliniClowns – wenn es sie nicht gäbe, müsste man sie erfinden

Wer lacht, gibt nicht auf!

Wenn es sie nicht gäbe, müsste man sie erfinden. Die Rede ist von den CliniClowns, jenen sensiblen Spaßmachern und Botschaftern der Lebensfreude, die seit mittlerweile fast 24 Jahren schwerkranken Menschen ein motivierendes, heilendes und belebendes Lachen schenken. Ich bin extrem stolz, als erster Clown Europas Mitbegründer dieses Projektes zu sein, das nicht zuletzt von Österreich aus, durch viele engagierte Protagonisten in viele Länder Europas transferiert wurde, um auch dort diese kraftvolle Energie des Humors an kleine und große Patienten spielerisch und feinfühlig weiterzugeben. Denn: Wer lacht, gibt nicht auf!

Auch nach so langer Zeit hängt mein Herz an diesem Projekt, weil ich weiß, wie viel positive Kräfte hier durch die Clownarbeit freigesetzt werden, wie man Schicksale für alle Beteiligten erträglicher gestalten kann und warum es so wichtig ist, einen Menschen bis zum letzten Atemzug mit einem Lächeln zu begleiten.

> **»Humor ist eine geistige Grundhaltung, die jedem von uns ermöglicht distanzierter gewisse Dinge zu betrachten und damit gelassener zu sein. Weisheit ist das umzusetzen, was man in der Theorie bereits begriffen hat.«**
> **Mag. Dr. phil. Doris Bach,**
> **Leitung von Braincare und Präsidentin**
> **des CliniClowns Forschungsvereins**

Damals, als wir im September 1991 zu zweit an der Kinderklinik des Allgemeinen Krankenhaus in Wien begannen – im Hintergrund ein kleines Team von Idealisten – standen wir nicht zuletzt vor der enormen Herausforderung in einem gewachsenen System von strikten Abläufen, Richtlinien und Skepsis clownesken Humor hautnah an eine leidgeprüfte und damit auch in jeder Form sensible Gruppe von Menschen zu bringen.

Am Anfang kämpften wir wie Don Quichote gegen die Windmühlen und die Skepsis des etablierten Denkens einer großen Klinik. Ich erinnere mich noch genau an einige Ressentiments gegen die Idee, Clowns in die therapeutische Arbeit einzubinden. Aussagen wie: »Ein Clown kennt die Standards der Krankenhaushygiene nicht«, »ein Clown stört den Betrieb«, »ein Clown kennt sich bei Krankheiten nicht aus!« »Clownvisiten im Krankenhaus? Wir haben doch sowieso jede zweite Woche ein Kasperltheater für die Kinder«, – sind nur ein paar Beispiele, die uns den Start wahrlich nicht erleichterten.

Dennoch: Nennen wir es Zufall oder nennen wir es Bestimmung – es waren die richtigen Leute in der richtigen Konstellation am richtigen Ort. Politische Türöffner, interessante Netzwerke, engagierte Organisatoren und voll motivierte Akteure, die alle an diese Idee glaubten, die es schafften, aus einem dreimonatigen Pilotprojekt eine etablierte Institution zu machen, die mittlerweile in über 20 Ländern zum fixen Bestandteil des therapeutischen Angebots in Krankenhäusern, Geriatrien, Pflegeheimen und Rehabilitationszentren zählt.

In den letzten 24 Jahren haben die CliniClowns allein in Österreich ca. 35.000 Clownvisiten durchgeführt und damit weit mehr als 1.000.000 schwerkranken Menschen, deren Angehörigen, aber auch den Ärzten und dem Pflegepersonal ein verbindendes Lachen geschenkt.
Ja, es hat all die Jahre besondere Menschen gebraucht, die diese spezielle Arbeit mit Empathie, Feinfühligkeit und großem Verantwortungsbewusstsein füllen.

Doch wer sind nun diese CliniClowns? Welche Menschen stecken hinter der weißen Schminke, der bunten Nase und den klingenden Namen wie Dr. Benjamin Powidl, Dr. Daisy Düse, Dr. Brösel, Dr. Tupfen-Topfen, Dr. Ferdinand Fröhlich, Dr. Karl Fabian Flascherl oder Prof. Dr. Schrumpf.
Es sind unter anderem Psychologen, Schauspieler, Proficlowns und Pädagogen.

Leider ist derzeit kein einziger Arzt dabei, was ich persönlich sehr schade finde.

Ich habe einige meiner Clownkollegen nach ihrer ganz besonderen Motivation für ihr Engagement gefragt, nach ihrem berührendsten, aber auch lustigsten Erlebnis im Laufe ihrer Tätigkeit. Aber auch, wie sich diese Arbeit auf ihre Lebenseinstellung ausgewirkt hat und was sie vielleicht sogar von den Patienten für ihr eigenes Leben gelernt haben.

Hier also ein sehr persönlicher Einblick in die Seele von Lachtherapeuten mit Herz!

Veronika Mandl, sie ist Musik- und Konzertpädagogin, seit 2001 CliniClownin und hat mir eines ihrer berührendsten Erlebnisse erzählt:

»Wir wollten aus einem Zimmer gehen, da uns eine Besucherin signalisierte, dass hier wohl kein Besuch erwünscht sei. Ich wusste im ersten Moment nicht wieso, aber da mein Kollege im Zimmer blieb, machte ich es ihm gleich. Im Bett lag ein älterer Herr, dem es sichtlich schlecht ging. Die Besucherin, allem Anschein nach seine Tochter, war den Tränen nahe. Ich weiß nicht mehr, was wir genau machten, der Patient fing auf jeden Fall zu lächeln an. Und seine Tochter weinte und sagte: »Jetzt habe ich den Papa noch einmal lächeln gesehen!«

Wie wir später erfuhren, lag der Mann im Sterben. Auf meine Frage an meinen Clownkollegen, warum er denn nicht aus dem Zimmer gegangen sei, als seine Tochter abwinkte, meinte er, er wollte ohnehin gehen, doch der Patient hat seine Hand genommen und nicht mehr losgelassen.«

Sie sagt weiter: »Ich habe viel von den kleinen PatientInnen gelernt, vor allem mit Mut den Dingen in die Augen zu schauen. Ob kleine oder große Schicksale, so ist die Situation eben und damit gehen sie um — jetzt.

Ich liebe meine Arbeit, ich liebe diesen Haufen liebenswerter und chaotischer Menschen, die in Krankenhäusern und Geriatriezentren um-

herklirren und schwirren – manchmal laut, dann wieder schüchtern leise – um das Leben dort neben all den grauen, festgefahrenen und normgerechten Strukturen mit ein paar Farbtupfern wieder bunt zu machen.«

Gabriele Schwarz, sie ist Übersetzerin und bei den CliniClowns seit 1999. Von ihr wollte ich wissen, warum sie sich für das Projekt begeistern konnte:

»Ich war glücklich, meinen Kraft- und Freudeüberschuss Menschen anbieten zu können, die gerade wenig von beidem haben. Für mich ist das Konzept CliniClowns eine Insel der Verrücktheit, ein Hafen der Übermut im Meer des allzu vernünftigen Lebens.

Humor ist für mich in guten Zeiten eine nette Zugabe, in schlechten Zeiten ist er unverzichtbar. Deswegen möchte ich auch jeden Tag neu und mit voller Begeisterung ins volle Leben hineinspringen!«

Ursula Kastner, ihres Zeichens Puppenspielerin, Teil der künstlerischen Leitung und CliniClown seit 1993. Uschi habe ich gefragt, wie und warum denn aus ihrer Sicht alles begonnen hat und was für sie das prägendste Erlebnis war.

»Das kann ich sofort sagen: Das Lachen der Kinder ist, seit ich denken kann, meine größte Freude und das eigentliche Hauptinteresse meines Herzens. Das war schon im Kindergarten so. Die Möglichkeit, CliniClown zu werden, gab mir die unglaublich verlockende Möglichkeit, mein unmittelbarstes Interesse in meine mögliche Laufbahn als Ärztin zu integrieren. Letztlich hat die Erfüllung, die damit einhergeht, derartig Platz in meinem Leben gegriffen, dass die Medizin spielend (im wahrsten Sinn des Wortes) in den Hintergrund gedrängt wurde.

Mein berührendstes Erlebnis in meiner mittlerweile auch schon 21-jährigen »Karriere« war mit meinem Kollegen Manfred im Preyer-schen Kinderspital.

Wir zwei CliniClowns betreten ein Krankenzimmer. In einem der Betten liegt ein ca. vierjähriger Bub. Wir machen Riesenspaß mit ihm, spielen und lachen mit ihm. Wir machen ihm als Geschenk ein Luftballonschwert. Er überwindet allmählich seine anfängliche Scheu. Er ist mehr und mehr beglückt, schenkt uns mehr und mehr sein Herz, sein Vertrauen. Ein paar Minuten vergehen. Manfred sagt: »Ich glaub du bist das stärkste Kind der Welt!«

Manfred alias Dr. Seltsam macht ein tolles Kunststück mit ihm, probiert seine Muskeln, die vor lauter Kraft quietschen. Der Bub hört, wie er stärker und stärker wird. Und nicht nur das! Plötzlich hört er es nicht nur, er spürt es auch. Er spürt es in Armen und Beinen, er spürt es am ganzen Körper! Noch nie hat er sich so stark gefühlt. So stark, dass sogar die großen, erwachsenen Clowns sich vor ihm fürchten! Er ist begeistert! Er fühlt, er ist wirklich das stärkste Kind der Welt!

Er schnappt sein Luftballonschwert. Jetzt verfolgt das stärkste Kind der Welt uns durch das ganze Zimmer. Es läuft keuchend hinter uns her, hinaus auf den Gang, durch die ganze Station. Es lacht, es quietscht. Es schwingt sein Schwert und spürt seine Macht und Kraft.

Ärzte und Krankenschwestern kommen aus dem Sozialraum gestürzt und reißen die Augen auf. Minuten später sagen sie uns fassungslos: »Wir untersuchen den Kleinen seit vier Tagen. Wir finden nichts! Keinen Anhaltspunkt! Wisst ihr, warum er im Spital ist? Er kann nicht gehen!«

Ich glaube, nein, ich weiß an jedem Tag, warum ich diese Arbeit tue:

Die CliniClowns sind für mich wie ein großer Segen. Die Möglichkeit zu haben, diesen Beruf auszuüben, der mich so von Herzen glücklich macht, mich so bereichert und mich so tief mit dem Leben verbindet, ist neben meinem Sohn, das wohl größte Geschenk meines Lebens.

Und die CliniClowns selbst, als Verein, sind eine tolle Heimat. Wir werden unterstützt, wir werden gefördert und gefordert und wir werden doch in Freiheit gelassen. Apropos: Schön, dass du mich das fragst. Da konnte ich all das dann formulieren, und jetzt erst weiß ich es in aller Deutlichkeit ☺

Ja und ich bin sehr dankbar, da ich sehr viel für mein eigenes Sein gelernt habe!

Konkret lernt man ganz viel, was die Wichtigkeiten im Leben anbelangt. Wenn man zum Beispiel im St. Anna Kinderspital steht oder in den Onkologiestationen des AKHs, dort die Kinder kennenlernt und ihre Lebenssituation, wie kann es einem dann wichtig sein, welche Schulnoten zum Beispiel das eigene Kind nach Hause bringt? Die Dinge werden in ein richtigeres Maß gerückt, das uns oft genug gut tut und schieben eine große Dankbarkeit in den Vordergrund.

Außerdem ist mein Respekt vor »den ganz normalen Eltern« sehr groß geworden. Mit welcher Hingabe, welcher Konstanz, welcher »guten, unterstützende Laune« die Eltern bei und mit ihren schwerkranken Kindern sind, ringt mir oft genug größte Bewunderung und großen Respekt ab.

Und noch eines, das hab ich von den Alten gelernt: Du kriegst immer das, was du erwartest. Wir haben viele Patienten, die erwarten sich große Unterhaltung von uns, und genau die kriegen sie, weil sie diese dann auch durch ihre Freude und Bereitschaft mitgestalten. Und die, die von uns weniger erwarten, bekommen auch weniger. Weil sie einfach nicht so offen für uns sind. Man könnte sagen: Je mehr Rezeptoren für Freude da sind, desto mehr Freude wird erlebt. Das kann einem schon für sein eigenes Leben zu denken geben.«

Verena Vondrak, sie hat ihre Leidenschaft zum Beruf gemacht: Sie ist Clownin und seit 1992 dabei. Verena schildert einer ihre schönsten Erlebnisse wie folgt:

»St. Anna Kinderspital, onkologische Abteilung: »Vergesst mich nicht«: Ein etwa achtjähriges Kind – palliativ – mit Sauerstoffmaske ... durch das Glasfenster ein Blick in seine Augen, der Vater winkt zwar ab, aber mich treffen seine Augen, die sagen: Vergesst mich nicht ....Wir machen die Tür auf und singen ein Lied und das Kind versucht zu klatschen, kraftlos, aber mit großer Konsequenz und wir gehen wieder, der Vater hat Tränen in den Augen ... eine Gratwanderung, aber diese

Begegnung war ein Aufruf an uns: Ich will leben bis zuletzt und ich will nicht vergessen werden ... Unvergesslich für uns!

Mit diesen Erfahrungen, den bewegenden, den amüsanten, den einzigartigen Begegnungen entsteht für mich eine klare Botschaft: Das Leben ist ein Geschenk, wie lange wir dieses Geschenk bewahren dürfen, weiß keiner von uns, aber oft wissen die kleinen Patienten mit welcher Freude und Demut wir dem Leben begegnen können! Und genau deswegen lautet mein Lebensmotto: IM MOMENT SEIN!«

Last but not least, **Uwe Marschner**, er leitet die CliniClowns Oberösterreich seit 1999.

»Vorweg, ich habe vor den Visiten auf der Palliativstation[5] Angst, um nicht zu sagen »die Hose voll«. Dazu kommt großer Respekt vor der Situation in den Zimmern, denn hier leistet das Personal ganz besonders tolle Arbeit.

Und auch hier soll unser Tun und Wirken diese Arbeit ergänzen. Aber wenn ich mir die Situation vorstelle, dass ich im Zimmer meine Tante besuche und es kommen Clowns rein!? Das verlangt ganz viel Empathie. Und die haben wir!
Ich durfte nach der Vorbesprechung mit dem Personal (Ärztin, Pfleger, Physiotherapeut) mit meiner Kollegin die Visite starten.
Ich beschränke mich auf den Besuch bei Herrn Stüber (Name geändert) im letzten zu besuchenden Zimmer, obwohl ich die gesamte Visite mit all den Begegnungen als »besonders gelungen« empfand.

Meine Kollegin und ich müssen, um dieses Zimmer betreten zu dürfen, Kittelpflege, Kopfbedeckung, Mundschutz und Handschuhe anziehen. Wir entscheiden uns, die Clownnase über den Mundschutz zu geben. Herr Stüber hat einen aggressiven Keim dazu eine Kanüle in der Luftröhre, so dass er nur sehr leise sprechen konnte. Im Zimmer läuft eine CD mit volkstümlicher Musik. Herr Stüber liegt mit suchendem Blick auf die Decke in einem Sitzbett. Seine Tochter bemüht sich um ihn

---

5   *Auf Palliativstationen wird primär der Fokus auf die Reduzierung der unangenehmen Folgen oder Begleiterscheinungen von Krankheiten gesetzt und nicht auf eine Heilung einer bestehenden Grunderkrankung*

und ist ganz nah bei ihm. Im Zimmer befindet ein junger Mann, zwischen 20 und 30, im etwa gleichen Alter der Tochter. Es stellt sich heraus, es ist ihr Verlobter.

Wir agieren sehr sanft, sehr sensibel mit unseren clownesken Möglichkeiten und plötzlich ergibt es sich, zuerst sehr leise durch sanfte Interaktion durch uns, dass die Tochter mit ihrem Verlobten zu einem Musikstück – wie von einer unsichtbaren Kraft geführt – den vorgezogenen Brautwalzer im Krankenzimmer vor den Augen ihres Vaters tanzt.

In der Nachbesprechung erfahren wir von der anstehenden Hochzeit und die Tatsache, dass der Vater die Braut nicht übergeben können wird, hat alle fast erdrückt. Ich weiß, dass man dieses Gefühl, diese Stimmung nicht beschreiben bzw. zu Papier bringen kann, sie wird jedoch für mich immer unvergesslich bleiben.

Unser Mitwirken hat die Brautübergabe symbolisch möglich und erlebbar gemacht. Da einige Tage später eine beträchtliche Summe auf unser Spendenkonto eingegangen ist, habe ich die Spenderin ausgeforscht und angerufen. Es war die Tochter von Herrn Stüber und ich bat sie um eine Rückmeldung zur Visite, was sie dankenswerterweise in dieser Situation für uns gemacht hat:

Hallo liebe CliniClowns,

wie heute per Telefon versprochen, schicke ich euch meine Eindrücke zu eurem Besuch: Primär Überraschung, dann Entspannung/Loslassen/Leichtigkeit und Neugierde und am Schluss habt ihr mir die schönste Freude gemacht ...

Als ihr reingekommen seid, war ich primär ziemlich verwundert, wer ihr seid. Aber eure Nasen haben euch verraten. ☺

Ihr habt so eine positive Stimmung ins Zimmer mit hineingenommen, es war plötzlich nicht mehr alles so schwer. Und ich war gespannt, wie Papa reagieren würde. Schließlich lebt er schon seit längerer Zeit in seiner eigenen Welt.

Irgendwie durften wir plötzlich wieder fröhlich sein, das hat sich echt gut angefühlt.

Und am Schluss, als ihr uns die Nasen aufgesetzt habt, hat Papa zuerst gegrinst, dann richtig gelacht. Das war das erste Mal seit Monaten! Das war so etwas Besonderes – ein schöneres Geschenk hättet ihr mir nicht machen können. Nach eurem Besuch ist es uns allen richtig gut gegangen.

Danke nochmals!!!!
Und danke für das nette Telefongespräch heute.

Liebe Grüße Andrea«

Und deswegen, werte Leserin, werter Leser finde ich es wahnsinnig wichtig, dass es die CliniClowns gibt, denn sonst müsste man sie erfinden!

Geschichten aus dem Wartezimmer

An dieser Stelle des Buches öffne ich meinen:
Erste Hilfe – Frustschutzmittel-Koffer!

Lustige Erlebnisse, witzige Geschichten, Pointen, Pannen und Peinlichkeiten. Meine liebsten Humorbeispiele, die ich gehört, gelesen oder gefunden habe, Sprüche und Wortspiele, die auf einer der vielen Reisen entstanden sind und über die ich schmunzeln oder lachen musste.
Hochdosiert und gut verpackt, – keine bitteren Pillen, sondern lachmuskelfördernde, freche Impulse gegen den Alltagsfrust. Praktisch und zu jeder Gelegenheit und Tageszeit einnehmbar, speziell zusammengemixt vom Arzt Ihres Vertrauens.

Like a smile in the Sky! Kommunikation an Bord

Bedingt durch meine Vorträge verbringe ich viel Zeit im Flugzeug und auf den europäischen Flughäfen. Gerade im Herbst und Winter, wo es wetterbedingt die eine oder andere Verspätung gibt, ist diese Zeit eine überschaubar unangenehme, dennoch fliege ich gerne.

Manche Flugbegleiterin und Flugbegleiter kenne ich schon vom Sehen und wir grüßen uns besonders freundlich. Ich schätze deren Arbeit an Board sehr und bewundere auch deren Ruhe, Professionalität und Souveränität bei den einen oder anderen Sonderwünschen von mühsamen und damit auch oft unfreundlichen Passagieren.

Umso mehr schätze ich es, wenn der Crew und den Piloten der Humor nicht ausgeht, und hier schon einmal bei den obligatorischen Durchsagen und Sicherheitshinweisen – verursacht durch witzige Pannen, Versprechern und Lachanfällen – die Menschlichkeit in ihrer schönsten und sympathischsten Art zutage tritt. Ich sammle nicht nur meine eigenen, erlebten humorvollen Kommunikationshighlights, sondern auch jene, die andere Menschen, Kunden, Partner und Freunde erzählen.

Hier also mein kleines Best of aus 10.000 Metern Höhe *(Mehr Stories finden Sie dazu auch in meinem Buch »Erst der Spaß, dann das Vergnügen«)*.

Auf dem Lufthansa Flug von Wien nach Frankfurt meldete sich der Kapitän persönlich, entschuldigte sich für zehn Minuten Verspätung und kündigte den Start der Maschine an. Dann fügte er pointiert hinzu:

»Meine sehr verehrten Damen und Herren, ich darf Sie jetzt auch bitten, Ihre Mobiltelefone auszuschalten. Genießen Sie jetzt einfach die nächsten 90 Minuten das sagenhafte Gefühl der Unerreichbarkeit!«

Flug mit Air Berlin von Berlin nach Wien: zuerst Verzögerung in Berlin und dann noch dichter Nebel am Flughafen Schwechat. Dann die Durchsage des Piloten:

»Sie haben ja schon von der nicht gerade optimalen Wetterlage in Wien gehört. Wir wissen nicht, ob wir wegen des Nebels landen können, aber vor uns versucht es gerade eine Austrian Airlines Maschine. Wir warten mal das Ergebnis ab ....!«

Eine gut erzählte Geschichte macht aus den Ohren Augen

Ungewöhnliche Erfolgsstories, die das Leben schreibt:
Ich liebe solche Geschichten! Die zum Schmunzeln reizen, zum Nachdenken anregen, Geschichten, die schwere Botschaften leicht auf den Punkt bringen. Kurz: die berühren, bewegen, motivieren. Geschichten bieten die wunderschöne Möglichkeit, Wissen weiterzugeben, Philosophien zu verankern, Veränderungen verständlich zu machen. Wenn wir in unserem Leben mit Daten, Zahlen und Fakten nicht durchkommen, dann braucht es oft ein plakatives Beispiel, eine Metapher oder eben eine Story, um Botschaften nachhaltig zu vermitteln.

Wir Menschen brauchen Geschichten. Wir nutzen sie, um uns selbst und unsere Umwelt besser zu erklären. Unser Hirn ist sozusagen dafür konstruiert, Verknüpfungen und Verbindungen zwischen verschiedenen vergangenen und aktuellen Ereignissen zu schaffen und damit Geschichten zu erzählen. Unser Denkorgan, genaugenommen das Unterbewusstsein hat mit Fortdauer der Evolution gelernt, komplexe Informationen in Form von Geschichten wahrzunehmen, um sie für Jahrzehnte zu speichern.

Kluge Menschen, wollen wir sie Wissenschafter nennen, bezeichnen diese Fähigkeit als »**Narrative Psychologie**«. Ihr Begründer ist Dan McAdams von der Northwestern University in Chicago.

Der Hirnforscher Werner Fuchs macht es noch klarer: »*Für das Unbewusste spielt es keine Rolle, ob eine Geschichte wahr ist. Dem Unbewussten geht es um Wahrscheinlichkeit, das hat mit Wahrheit nichts zu tun. Wenn das Unbewusste meint, es lohne sich an eine Geschichte zu glauben, dann glaubt es sie. Es geht um Glauben, nicht um Wahrheit. Deshalb lässt es sich auch überlisten.*«

Storytelling ist somit wichtig für viele Herausforderungen in unserer Gesellschaft, in der täglichen Kommunikation, in der Partnerschaft, beim Netzwerken und wenn es darum geht, Macht, Reputation und Einfluss zu erreichen. Gute, verständliche, emotional bewegende Geschichten werden weitererzählt, ja oft ausgeschmückt und so auf verschiedenen Kommunikationskanälen verbreitet.

Erinnern Sie sich noch an die eine oder andere »Gutenachtgeschichte«, die Ihnen der Opa immer wieder vorlesen musste, die Sie irgendwann auswendig konnten und Sie dennoch immer wieder hören wollten, weil sie so schön bewegend und phantasieanregend war? Und wie Sie dann selbst erwachsen waren, Sie diese Geschichten aus Ihrer Kindheit Ihren eigenen Kindern immer wieder vorgetragen haben?
Ja, das tun Sie, weil Geschichten Jahrtausende überdauern, uns helfen, das eigene Leben mit Freude und Sinn zu füllen und immer wieder für neue, frische Impulse für neue Generationen sorgen. Auch unsere moderne Zeit hat viele Geschichten, die Geschichte schreiben. Negative und auch positive, amüsante, lustige, berührende Geschichten.

Der Humor kreativen, ungezwungenen Denkens gepaart mit der nötigen Leichtigkeit, bildet die beste Kombination für außergewöhnliche Erzählungen. Und Held in Erfolgsgeschichten möchten wir doch alle sein, oder?
Also auf in das Land des Lächelns, zu meinen Lieblingsgeschichten zum Weitererzählen:

> **»Kindern erzählt man Geschichten zum Einschlafen.**
> **Erwachsenen, damit sie aufwachen.«**
> **Jorge Bucay**

Geschichte 1 »Menschlich betrachtet«

Einer der Vorläufer des Sportreporters Edi Finger (Cordoba, »*I werd narrisch!*«) war der legendäre Heribert Meisel, der der erste Kommentator war, der seine Berichte mit Herz und satirischem Witz versah.
Wenn er sein berühmtes »Daneben, daneben, daneben« ins Mikro rief, heulte ganz Österreich mit ihm. Nun, daran hat sich bis heute nichts geändert. Wobei – wir Österreicher haben bei der letzten Fußball-WM in Brasilien kein einziges Spiel verloren! Gut, wir waren auch nicht dabei...

Zurück zu Heribert Meisel! Dieser arbeitete später neben dem Rundfunk auch fürs Fernsehen und war Sportchef des »Kurier«, für den er die tägliche Kolumne »Heribert unterwegs« schrieb. Leider sollte sein Leben sehr kurz sein; er erlag viel zu früh im Alter von 46 Jahren einem Krebsleiden. Die Umstände seines frühen Todes zeigen jedoch auf, dass es sogar im harten Zeitungsgeschäft durchaus Beweise menschlicher Größe gibt.

Meisel starb einen langen, tragischen Tod, aber er wollte bis zuletzt seine geliebte Kolumne schreiben, weshalb in seinem Krankenzimmer ein Fernseher aufgestellt wurde, mit dessen Hilfe er die sportlichen Ereignisse des Tages verfolgen konnte. Und neben seinem Bett stand seine Schreibmaschine, in die er täglich seinen Artikel – der jetzt »Heribert vor dem Bildschirm« hieß – hämmerte.

Die Krankheit nahm einen dramatischen Verlauf; er hatte Metastasen im Gehirn und bekam schwerste Schmerzmittel, die sein Leiden erträglicher machen sollten. Doch er schrieb unbeirrt weiter. Seine Texte wurden immer kryptischer, unverständlicher und so verworren, dass sie nicht mehr in Druck gehen konnten.

Chefredakteur Hugo Portisch – viele Österreicher kennen ihn von seinen anschaulichen und pointierten, politischen Kommentaren in den Nachrichtensendungen und seinen beeindruckenden Dokumentationen – wollte freilich verhindern, dass sein verdienter Mitarbeiter und Freund eines Morgens die Zeitung aufschlagen würde, in der seine Kolumne fehlte. Und so ließ er in Meisels letzten Wochen tagtäglich einen »Kurier« drucken, der nur im Kaiser Franz Josef Spital ausgeliefert wurde. Und der berühmte Sportreporter konnte auf diese Weise bis zum letzten Tag seines Lebens seine Kommentare in der Zeitung lesen.

Geschichte 2 »Warum es manchmal wichtig ist, das Kleingedruckte zu lesen« oder: Mit einem Pudding auf Weltreise!

Kennen Sie David Phillips? Wahrscheinlich nicht, sollten Sie aber. Für mich ist er einer jener frechen, schlauen Füchse, der mit Cleverness und spitzbübischem Talent den Formfehler eines Gewinnspiels schamlos und ganz legal ausgenutzt hat, um einen sensationellen Coup zu landen! Doch der Reihe nach:

Der 49-jährige David Phillips, Bauingenieur aus Kalifornien, aber auch als Lektor an einer Universität tätig, zeigte in einer einzigartigen, strategischen Aktion wie man Kommunikationsfehler bei einem Gewinnspiel eines Lebensmittelkonzerns und einer Airline humorvoll und erfolgreich zum eigenen Nutzen wandelt. Der »Pudding Guy«, wie man ihn seitdem nennt, machte nämlich etwas, das wir alle hassen wie die Pest, zu seinem großen Vorteil: Er verstand es, das Kleingedruckte zu lesen!

Wir schreiben das Jahr 1999, es ist kurz vor Silvester. Damals startete die Firma Healthy Choice, die Instantmahlzeiten auf den Markt bringt, eine Sonderaktion. Wenn jemand zehn Barcodes von einem der vielen Produkte dieses Unternehmens innerhalb eines Monats nach Start der Aktion einsendet, dann bekommt er dafür 500 Flugmeilen gratis auf seinem Meilenkonto gutgeschrieben. Und kleingedruckt stand dann noch, wer es schafft, innerhalb des Monats zehn Strichcodes von ein- und demselben Produkt einzusenden, der bekommt sogar das Doppelte, nämlich 1.000 Flugmeilen als Geschenk.

Phillips fand das Gewinnspiel so attraktiv, dass er zunächst begann, Dosensuppen für 90 Cent zu kaufen. Da ihm das jedoch zu teuer vorkam, suchte er nach einem anderen Produkt, das ebenfalls in diese Sonderaktion der Firma vom Healthy Choice integriert war. Und fand einen Schokopudding, der nur 25 Cent kostete. Phillips begann sogleich den gesamten Puddingvorrat in diversen Supermärkten der USA aufzukaufen und investierte hier geschätzte 3.000 Dollar zum Gegenwert von 1,2 Millionen Gratisflugmeilen, für die man – und jetzt kommt's – regulär hätte über 150.000 Dollar (!) zahlen müssen.

Um ja nicht aufzufallen (denn sogar im Land der unbegrenzten Möglichkeiten könnte es suspekt sein, wenn eine Person Tonnen von Schokopudding bunkert) oder gar andere auf seinen Trick zu bringen, erfand er die Geschichte, sich für den Fall des damals möglichen bevorstehenden Computercrashs zur Jahrtausendwende mit seiner Lieblingsspeise, dem Schokopudding, rechtzeitig eindecken zu wollen.

Sein größtes Problem war allerdings, dass es gar nicht so leicht war, im vorgegebenen Zeitfenster die Strichcodes von nahezu 12.000 Puddingpackungen abzulösen. Die ganze Familie arbeite Tag und Nacht daran, um bis zur Deadline der Aktion, dem Monatsende, fertig zu werden, – Schwielen und Blasen an den Fingern sowie permanenter Schlafentzug waren die unangenehmen Nebenwirkungen.

Es waren einfach zu viele Etiketten und da hatte er eine weitere geniale Idee: Warum nicht die Heilsarmee involvieren und sie bitten, die Etiketten von den Bechern zu entfernen und dafür als Gegenleistung den Pudding gespendet zu bekommen. Gesagt, getan, die freiwilligen Mitglieder der Organisation führten den »Lösungsprozess« durch und David Philipps erhielt vom Staat wegen der wohltätigen Spende auch noch 800,- Dollar an Steuergeld zurück.

Sechs mal um die ganze Welt

Das Happy End: David Phillips konnte seinen Gewinn rechtzeitig problemlos einlösen. Heute fliegen er und seine Familie vermutlich bis an ihr Lebensende gratis. Denn David wurde in die Vielfliegerinstitution »American Airlines Advantage« aufgenommen und gewinnt bei jedem Flug auch noch neue Meilen dazu. Meilen, die wahrscheinlich seine Enkelkinder noch nutzen werden, denn sein Basiskontingent umfasst geschätzte vier Millionen Gratismeilen. All das für einen Einsatz von 3.000 Dollar oder eigentlich 2.200, wenn man die 800 Dollar Steuerersparnis abzieht. Also immer das Kleingedruckte lesen.

Geschichte 3 »Desperate House Cats«

Ein schöner lauer Sommerabend. Wir waren fertig angezogen, um Freunde zu besuchen. E-Herd abgedreht, Anrufbeantworter eingeschaltet, Wellensittiche zugedeckt und Katze aus dem Haus in den Garten verfrachtet. Da wir dachten, dass es bestimmt feuchtfröhlich werden würde, haben wir ein Taxi angerufen, das diesmal wider Erwarten sehr rasch kam.

Als wir aus dem Haus gingen, ist die Katze, unsere liebe Sugar, wieder durch die Beine ins Haus geschlüpft. Das ging schon mal gar nicht, denn es wäre nicht das erste Mal, dass sie während unserer Abwesenheit versucht, einen der Wellensittiche zu fressen. Für eine Katze ein zugestandener Instinkt, aber für die Wellensittiche und uns leider nicht akzeptabel!

Meine Frau ist schon mal ins Taxi hinein und ich bin nochmals zurück, um die Katze erneut aus dem Haus zu befördern. Tja, nur die kannte das Spielchen auch und zeigte sich äußerst störrisch und wenig motiviert das Haus freiwillig zu verlassen.

Während dessen hat meine liebe ängstliche Dauerlebenspartnerin, die nicht wollte, dass der Taxifahrer erfuhr, dass das Haus nun leer sein wird, ihm erzählt, dass ich nur kurz zurückgegangen bin, um der *Schwiegermutter* zu sagen, dass wir heute erst spät nach Hause kommen. (So eine blöde Idee, ganz ehrlich, welcher Mann geht deswegen nochmals zurück ins Haus?).

Nach ein paar Minuten saß ich dann auch im Taxi und entschuldigte mich beim Taxifahrer, dass es etwas gedauert hatte. Dann sagte ich zu meiner Frau mit zugegeben zorngeschwellter Stimme: *»Jetzt reicht's aber wirklich: Die blöde Kuh hat sich nicht fangen lassen, hat sich unter's Bett verkrochen. Also musste ich mit dem Besen auf den Hintern klopfen, damit sie rauskriecht. Sie hat dann versucht abzuhauen, aber ich hab sie am Hals erwischt. Damit sie nicht kratzt, hab ich sie in eine Decke gewickelt. Dann hab ich sie die Treppe runter getragen und wieder in den Garten rausgeworfen! Ich hoffe, die macht nicht wieder ins Gemüsebeet, wie das letzte Mal!«* Im Taxi herrschte Totenstille ...

Geschichte 4 »Der Wert eines Medientrainings«

Außenminister Steinmeier auf der Reise nach New York. Berater warnen ihn vor raffinierten, amerikanischen Journalisten. Steinmeier winkt ab: »Die legen mich nicht rein.« JFK-Airport: Journalisten stürzen sich auf ihn. Einer fragt: *»Werden Sie in New York Stripteasebars besuchen?«* Steinmeier überlegt und meint süffisant: *»Gibt es hier Stripteasebars?«* Die Schlagzeile am nächsten Tag: Erste Frage Steinmeiers nach Ankunft in N.Y: »Gibt es hier Stripteasebars?«

Geschichte 5 »Erwartungshaltung oder Fremdschämen«

In einem Kleintiergeschäft stand folgender Zettel am Schaufenster:

»Neugeborene, wunderschöne Hunde günstig zu verkaufen«.

Solche Anzeigen interessieren vor allem Kinder und schon erschien ein kleiner Junge im Geschäft und fragte: »Was kostet so ein kleiner Hund?« Der Besitzer antwortete: »Zwischen 60 und 250 Euros.« Der Junge kramte in seiner Hosentasche, nahm einige Münzen heraus und antwortete: »Ich habe nur 6 Euro 55; kann ich sie trotzdem sehen?« Der Mann lächelte und pfiff ganz leise.

Aus der Türe sprang eine Hündin und hinter ihr torkelten fünf niedliche Hündchen. Der letzte und kleinste Hund hinkte und hatte viel Mühe den anderen Welpen zu folgen. Sofort zeigte der Junge auf diesen Hund und fragte: »Was ist mit diesem Hund passiert?« Der Mann erklärte ihm, dass der Hund mit einem Defekt geboren sei und laut Tierarzt immer hinken und nie richtig springen werde. Mit Emotionen in der Stimme sagte der Junge: »Diesen Hund will ich kaufen!« Der Besitzer des Geschäftes antwortete gutmütig: »Nein, diesen Hund wirst du nicht kaufen; ich schenke ihn dir!« Der Junge machte ein verärgertes Gesicht, schaute dem Besitzer in die Augen und sagte: »Ich will ihn nicht geschenkt!!! Er ist so wertvoll wie die anderen Hunde und ich bezahle den vollen Preis für ihn! Ich werde jetzt meine 6 Euro 55 als Anzahlung geben und jeden Monat werde ich 5 Euro vorbeibringen, bis er ganz bezahlt ist.«

Der Mann antwortete ihm: »Du willst doch nicht wirklich diesen Hund kaufen, mein Sohn. Er wird nie springen, spielen und jagen können wie andere Hunde.«
Der Junge bückte sich, zog seine Hose am linken Bein herauf und zeigte ein schrecklich verstümmeltes Bein, welches mit einem Eisenstab gestützt wurde. Er schaute den Mann erneut an und sagte: »Nun ja, ich kann auch nicht gut springen, und dieser Hund braucht jemanden, der ihn versteht!«

Der Mann schämte sich und seine Wangen wurden verräterisch rot. Lächelnd sagte er: »Mein Sohn, ich hoffe nur, dass die anderen vier Hunde auch einen Besitzer wie dich finden!"

Geschichte 6 »Ganz schön schlau«

Albert Einstein musste an vielen Universitäten Vorträge über seine Relativitätstheorie halten.

Einmal meinte sein Fahrer zu ihm: »Herr Professor, ich habe diesen Vortrag jetzt schon so oft gehört, dass ich ihn Wort für Wort auswendig kann. Ich könnte ihn bestimmt ebenso gut halten wie Sie.« »Gut« sagte der Gelehrte, »dort wo wir jetzt hinfahren, kennt man mich nicht persönlich. Ich setze Ihre Chauffeursmütze auf und Sie halten meinen Vortrag als Professor Einstein.« Gesagt, getan. Es klappte auch alles vorzüglich.

Nur nach Ende des Vortrages stellte ihm einer der Professoren eine überaus komplizierte Frage, die mit Gleichungen und Formeln gespickt war. Der Chauffeur reagierte schnell und sagte: »Ich bin überrascht, dass Sie mich so etwas Einfaches fragen. Solche simplen Dinge weiß sogar mein Chauffeur. Ich lasse ihn rufen, damit Sie sich selbst davon überzeugen können.«

Weitere Arztansichten und -aussichten

Geben Sie dem Unsinn einen Sinn!

Drücken Sie sich bitte in Zukunft ebenso klar aus, wie Sie es mit einer Akne Pustel tun würden. Oder wollen Sie, dass beim Heimwerken die saloppe Anweisung an Ihren kleinen Sohn: »*Also, wenn ich mit dem Kopf nicke, dann schlägst Du drauf …*«, für Sie tödlich endet? ☺

Ich bin ja Arzt – vielleicht hatte ich das an anderer Stelle schon einmal erwähnt, und so frage ich Sie: Haben Sie gewusst, dass 71 % aller ärztlichen Kunstfehler nicht aufgrund menschlichen Versagens, sondern aufgrund von Kommunikationsproblemen entstehen?

Wenn Sie die nächsten Beispiele aus dem Einsatzwesen lesen, werden Sie sich wundern, wieso es nicht noch mehr sind:

Rettungsdienst: »Leitstelle, können Sie uns bitte konkret einweisen?«
Zentrale: »Gleich nach dem Ortseingangsschild, ist ein 30er Zone Schild, die nächste Gasse fahrt ihr dann links, und kurz danach ist ein Würstelstand, da dann rechts ...«
Rettungsdienst: »Leitstelle, ich bin ein Hubschrauber.«

Rettungswagen: »Männlicher Patient aufgenommen. Fahren in das AKH.«
Zentrale: »Männlich? Ihr Kollege sagte doch weiblich.«
Rettungswagen: »Ich erkläre dem Kollegen gleich den Unterschied.«

Rettungswagen: »Kaiserschnitt. Patient hat viel Blut verloren.«
Zentrale: »Patient männlich oder weiblich?«
Rettungswagen: »Häää ????????????«

Zentrale: »Bitte kommen – mit Standort und Tätigkeit.«
Sanitäter: »Standort: Toilette. Wollen Sie noch Genaueres wissen?«

Zentrale: »Notfall: ein Q15, ich wiederhole ein Q15! Abfahrt sofort! Unbekannte Person will aus dem Fenster springen.«
Polizeistreife am Einsatzort: »Zentrale, also hier ist niemand am Fenster.«
Zentrale: »Burschen, dann schaut's halt auf den Boden.«

Wir Internisten sind ja Eingeweihte für Eingeweide.
Betrachtet man es also als Mediziner nüchtern, was per se schon eine besondere Herausforderung ist, so kommt man drauf, dass der Mensch im Grunde nichts anderes ist, als eine hochpräzise, grandios arbeitende Maschine, die es mit einem genialen System und unglaublicher Kunstfertigkeit schafft, einen sündteuren, alten französischen Rotwein innerhalb von wenigen Stunden in Urin zu verwandeln!

> Der Arzt Ihres Vertrauens weiß: 5 Millionen Jahre lang war Bewegung garantiert, Essen vielleicht. Seit 50 Jahren ist Essen garantiert, Bewegung vielleicht!

- Ärztlicher Genusstipp: Wenig aber gut. Und wenn gut dann reichlich! Auch kalorienbewusste Menschen wollen absahnen. Wer allerdings dann sein Gewicht reduzieren will, darf den Mund nicht so voll nehmen und braucht dazu viel Waagemut.

- Manche Patienten leiden nicht an Übergewicht, der Bauch ist nur 3D.

- Alle reden vom körperlichen Übergewicht, das geistige Untergewicht wird totgeschwiegen.

- Das ganze Geheimnis sein Leben zu verlängern liegt darin, es nicht zu verkürzen!

- Bestechung ist die älteste und erfolgreichste Form der Akupunktur.

- Wer Krankenbesuche macht, sollte vor allem ein gutes Gespräch mitbringen.

- In einer Gesellschaft, in der Lachfältchen mit Nervengift weggespritzt werden, sollte man ihre Werte überdenken!

- Viele Menschen beginnen ihr Leben mit Weinen und hören ein ganzes Leben nicht damit auf!

- Durchfall und Alzheimer sind eine schlechte Kombination. Man rennt, weiß aber nicht wohin.

- Man kann auch als gebildeter Mediziner noch so viele Fremdsprachen beherrschen – wenn man sich beim Rasieren schneidet, gebraucht man die Muttersprache – und zum Schweigen fehlen mir dann die passenden Worte!

Danksagung

Ich bedanke mich bei meinen inspirierenden Vortragskollegen und Freunden wie Michael Rossié, Jon Christoph Berndt, Markus Hofmann, Georg Wawschinek, Thomas Wollner und Roman Kmenta. Der Austausch und die Zusammenarbeit mit ihnen ist immer eine Bereicherung.

Ich bedanke mich bei meiner geschätzten Trainerkollegin und lieben Freundin Sigrid Tschiedl, die mir nicht nur geholfen hat, Struktur in mein Sammelsurium an Ideen zu bringen, sondern mir auch wertvolle Tipps zur Umsetzung gegeben hat und bei meiner geschätzten Lektorin Stefanie Klief für ihren professionellen Blick für das Wesentliche und ihr Gespür für die richtigen Texte am richtigen Ort.

Ich will mich bei meinen Kunden, meinen Seminarteilnehmern und bei meinem Vortragspublikum bedanken, die mir immer wieder die Möglichkeit geben, meine Philosophie, meine Ideen und Visionen mit ihnen zu teilen. So, wie ich versuche sie zu inspirieren, so inspirieren sie mich. Jedes Lachen, jedes tief gehende Gespräch nach einem Auftritt ist ein Geschenk, das mir Kraft, Energie und Bestätigung schenkt.

Ein großes Lob und Dankeschön an Manuela Tippl für die grafische Entwicklung meines süßen »Endorphinchens« (das es übrigens auch als Maskottchen gibt).

Ich danke Gregory Zäch und seinem Team vom Midas Verlag, der dieses Buch herausgegeben hat. Er hätte es ja auch behalten können ☺ Ein wunderschönes Beispiel mehr, wie sehr eidgenössische Alpen-Bürger zusammenhalten.

Ich bedanke mich bei allen guten Geistern, die mich nicht verlassen haben und natürlich auch posthum bei meinen Eltern, ohne deren fruchtbare, innigen Zusammenarbeit ich nicht erschienen wäre!

Mein allergrößter Dank geht an den Menschen an meiner Seite, der so viele Rollen in meinem Leben spielt und ohne dem ich nicht das wäre, was ich heute bin: meine liebe Frau Margit. Ihre weibliche Sicht der Dinge, ihr Weitblick, ihr Gefühl für das Wesentliche sind nur drei Faktoren, die dieses Buch ermöglicht haben. Sie war und ist die Motivatorin meines Lebens, sie sieht Chancen, wo ich Probleme sehe, und sie bringt mich von meinen Luftballonreisen in die Welt der Phantasie sanft aber bestimmt auf den Boden der Realität zurück. Sie hat Verständnis für meine Ungeduld, meine manchmal überschießende Energie und meine Freiheitsliebe. Sie weiß, welche Samen der Kommunikation man gießen muss, damit neue Erfolge sprießen und hat mir als meine Managerin das Tor zu neuen Vortragsdimensionen geöffnet. Das, was aber über all dem steht und ohne das alles nichts ist, ist unsere Liebe! Denn wie schon Herman Hesse sagt: »Glück ist Liebe, nichts anderes. Wer lieben kann, ist glücklich.« Maggie Du gibst unserer Welt etwas Besonderes, einfach, weil es Dich gibt. Danke, meine liebe Maggie, dass Du mein Leben so bereicherst und mich zu einem so glücklichen Menschen machst.

Nachwort

Ich bin ein Mensch, der viele Ideen hat, umsetzbare und auch einige mit denen man dutzende Luftschlösser bauen könnte. Ich bin ein Träumer und Idealist zugleich. Ich bin Motivator, Kindskopf, Lausbub und ein unverbesserlicher Optimist. Wenn ein Glas halb leer ist, will ich es füllen.

Ich bin süchtig nach dem Wow-Effekten des Lebens und meine Wow-Effekte sind eben Humor, Freude, Leichtigkeit und der behütende Schirm der über allen schwebt, – die Menschlichkeit.

Ich werde immer wieder auf die Ähnlichkeit meines Lebensweges mit jenem von Patch Adams angesprochen, der Gesundheit und Krankheit neu definiert hat.
Ein wahnsinnig tolles Kompliment, ich habe nur kein Gesundheitsinstitut eröffnet (was nicht ist, kann ja noch werden…☺), sondern versuche über meine Vorträge, Seminare und Bücher zu freudvollem, fröhlichen neuen Denken und Leben mit mehr Leichtigkeit zu motivieren. Mein Ziel ist es, dem Schwermut in unseren Tagen mit allen Frustschutzmitteln die ich habe, die rote Karte zu zeigen. Wenn ich Sie ein wenig mit meiner Begeisterung anstecken konnte, dann freue ich mich sehr als Ihr Arzt des Vertrauens!

»Wenn man eine Krankheit behandelt, gewinnt oder verliert man. Aber wenn man einen Menschen behandelt, gewinnt man immer. Ganz gleich, wie die Diagnose ausfällt.«
Patch Adams

Ein Zitat von einem der berühmtesten Clowns unserer Zeit, sensationell gespielt vom leider viel zu früh verstorbenen, genialen Robin Williams, möchte ich an den Schluss diese Buches setzen. Danke, dass Sie es gelesen haben!

»Das Revolutionärste, was ein Mensch heute tun kann, ist, öffentlich glücklich zu sein.«
Patch Adams

Literaturliste

Es wird immer schwieriger, trotz oder gerade wegen der Internet- und Google-Mania, alle jene Quellen zu finden, die Inputs für dieses Buch geliefert haben. Ich habe dennoch versucht, all jene maßgeblichen und relevanten Studienautoren, Ideengeber und Impulslieferanten zu erwähnen. Wenn ich jemanden vergessen habe, was mit hoher Wahrscheinlichkeit der Fall ist, dann auf keinen Fall in böser Absicht. Und demjenigen sei hier ganz besonders ausdrücklich und ehrlich gedankt! Einige Ideen, Inputs und Inspirationen habe ich folgenden Büchern und Publikationen entnommen, die ich Ihnen in jedem Fall alle ans Herz und auf das Nachtkästchen legen möchte:

Literatur auf Papier

Humor

Arden, Paul: *Egal was du denkst, denk das Gegenteil.* Bastei Lübbe 2014

Astor, Willy: *Unverrichteter Dinger. Humor direkt vom Erzeuger: Geschichten und Verzeichnungen aus dem Schlawinerwald.* Kunstmann, 6. Aufl. 2006

Augustin, Eduard; Keisenberg von, Philipp; Zaschke, Christian: *Ein Mann ein Buch.* Goldmann 2009

Close, Michael: *That reminds me. Finding the Funny in a Serious World.* lulu.com 2012

Deuser, Klaus-Jürgen *»Knacki«: How to be Lustig … und kann man damit besser leben?* Diegandi 2009

Fränkl-Schekerka, Susanne: *Best of Comedy- Die besten TV-Jokes aus Samstag Nacht,* Harald Schmid, Jay Leno u.a. S & L MedienContor 2000

Havas, Harald: Martha Pfahl am Margerpfahl. *Die schlechtesten Witze und witzigsten Sprachspielerein.* Ueberreuter 2007

Hermanns, Thomas: *Das Tomatensaft Mysterium. Fliegen in der Comedy Class.* Goldmann, 3. Aufl. 2010

Hirschhausen Dr.med. von, Eckhart: *Die Leber wächst mit ihren Aufgaben.* rororo 2008

Holzer, Florian: *Wien, wie es isst und wie es genießt/07.* Falter 2006

Horne, Richard: *101 Dinge, die man getan haben sollte bevor das Leben vorbei ist.* Eichborn 2004

Hütter, Mathias: *Sprüche zum Könnenlernen.* Iskopress 1995

Kirchlehner, Richard: *Kuntersurium –Wortspiele und Skurriles.* Auro 2008

Leyner, Mark; Goldberg, Billy: *Warum haben Männer Brustwarzen? Drängende Fragen, die Sie Ihrem Arzt erst nach dem dritten Marini stellen würden.* Goldmann, 2006

Leyner, Mark; Goldberg, Billy: *Warum schlafen Männer nach dem Sex immer ein? Neue drängende Fragen, die Sie Ihrem Arzt erst nach dem dritten Whiskey Sour stellen würden.* Goldmann 2007

Maak, Michael: *Comedy- 1000 Wege zum guten Gag.* Henschel 2007

Müller-Michaelis, Mathias: *»Als ich auf die Bremse treten wollte, war sie nicht da.« Das Lexikon der kuriosen Ausreden.* Ullstein 2007

Naish, John: *Hypochondrie kann tödlich sein. Handbuch für eingebildete Kranke.* Rowohlt 2005

Rabe, Hubertus; Thiele, Johannes; Schlie, Tania: *Die allerschönsten Geistesblitze. Die witzigsten Zitate und Sprüche der Welt.* Ullstein 2005

Rademacher, Falko: *Das zynische GAG Lexikon.* Schwarzkopf & Schwarzkopf 2000

Schunk, Werner: *Der Professor verschreibt: 3xtgl. Herzhaft lachen.* Neue Literatur 1999

Symons, Mitchell: *Wussten Sie das auch schon....?* Goldmann 2005

Wer, Die lustigsten Ärzte Witze. Tosa 2005

Theorie/Wirtschaft/Business

Arden, Paul: *Es kommt nicht darauf an, wer du bist, sondern wer du sein willst. Das erfolgreichste Buch der Welt von Paul Arden.* Phaidon 2005

Braun, Walter H.; Meixner, Christian: *Brauns Anti-Management-Handbuch.* Bad Harzburg, 2. Aufl. 1990

Carnegie, Dale; Crom, J.Oliver; Crom, Michael: *Der Verkäufer in Dir! Das Dale Carnegie Verkaufstraining.* Fischer 2005

Cerwinka, Gabriele; Schranz, Gabriele: *Nervensägen. So zähmen Sie schwierige Mitarbeiter, Chefs und Kunden.* Linde 2005

Cheung, Awai: *30 Minuten Business Qigong.* Gabal, 5. überarbeitete Auf. 2012

Crainer, Stuart: *Die 75 besten Managemententscheidungen aller Zeiten.* Mi (Moderne Industrie)-Wirtschaftsbuch 2002

Danz, Gerriet: *Neu präsentieren. Begeistern und überzeugen mit den Erfolgsmethoden der Werbung.* Campus 2010

Davis, Rick: Pause im Papierkorb. *75 Tricks für den totalen Office Fun.* Redline 2002

Durrschmidt, Peter; Koblitz, Joachim; Mencke, Marco; Rolofs, Andrea; Rump,

Konrad; Schramm, Susanne: *Methodensammlung für Trainerinnen und Trainer.* managerSeminare, 9. Aufl. 2014

Fisher, Wolf: *Die Kunst der Selbstdarstellung. in Bühnenfigur, Vermarktung und Auftritt.* Wolf Fisher 2008

Förster, Anja; Kreuz, Peter: *Nur Tote bleiben liegen. Entfesseln Sie das lebendige Potenzial in Ihrem Unternehmen.* Campus 2010

Förster, Anja; Kreuz, Peter: *Spuren statt Staub. Wie Wirtschaft Sinn macht.* Econ 2008

Foster, Jack; Corby, Larry: *Einfälle für alle Fälle. Erfinden, Ausdenken und andere Möglichkeiten, Ideen in die Welt zu setzen.* Redline 2005

Frenzel, Karolina; Müller, Michael; Sottong, Hermann: *Storytelling. Die Kraft des Erzählens fürs Unternehmen nutzen.* Deutscher Taschenbuch Verlag 2006

Geffroy, Edgar K.: *Schneller als der Kunde. Exnovation statt Innovation.* Econ 2007

Görg, Ulrich: Claims. *Claiming als Wertschöpfungsinstrument der Markenführung.* Gabal 2005

Hall, Stacey; Stringer, Jan: *Das Leuchtturm Prinzip. Wie Sie die richtigen Kunden gewinnen.* Gabal 2006

Häusel, Hans- Georg: *Brain Script – Warum Kunden kaufen.* Haufe 2004

Häusel, Hans- Georg: *Think Limbic – Die Macht des Unbewussten verstehen und nutzen für Motivation, Marketing, Management.* Haufe-Lexware, 4. aktualisierte Aufl. 2008

Hinterhuber, Hans H.; Krauthammer, Eric: *Leadership – Mehr als Management. Was Führungskräfte nicht delegieren dürfen.* Gabler, 4. Aufl. 2005

Kartmann, Siegfried W.: *Aktiv zuhören und clever fragen. Erfolgreiche Kommunikationstechniken für Führung und Verkauf.* Gabal 2005

Klein, Zamyat M.: *Kreative Geister wecken. Kreative Ideenfindung und Problemlösungstechniken. Ein Seminarkonzept für Trainer.* managerSeminare Verlag, 3. Aufl. 2006

Klinger, Michael; Schaninger-Thill, Mireille; Klier, Felix A.: *Der begeisterte Patient. Praxisleitfaden für Organisation, Kommunikation, Marketing, Wirtschaftlichkeit und Internetnutzung in der modernen Arztpraxis.* Linde 2002

Knoblauch, Jörg; Hüger, Johannes; Mockler, Marcus: *Ein Meer an Zeit. Die neue Dimension des Zeitmanagements. In vier Wochen zu mehr Gelassenheit.* Heyne 2010

König, Stefan: *Warming-up in Seminar und Training.* Beltz 2008

Krauthammer, Eric; Hinterhuber, Hans H.: *Wie werden ich und mein Unternehmen die Nr.1?* Hanser Fachbuch 1999

Lalouschek, Wolfgang: *Raus aus der Stressfalle. Die besten Strategien gegen Burnout & Co.* Kneipp 2010

Malik, Fredmund: *Gefährliche Managementwörter. Und warum man sie vermeiden sollte.* Frankfurter Allgemeine Buch 2005

Maro, Fred: *Mitreißende Meetings und gelungene Events. Aufbruchstimmung in Ihrem Unternehmen.* Metropolitan 2002

Mikunda, Christian: *Marketing spüren. Willkommen am Dritten Ort.* Redline, 3. Aufl. 2012

Rachow, Axel: *Spielbar II. 66 Trainer präsentieren 88 Top-Spiele aus ihrer Seminarpraxis.* managerSeminare 2002

Remy, Volker: *Wie man Aufträge angelt und mit Fischen spricht...* Graco 2007

Ridderstråle, Jonas; Norström, Kjell A.: *Karaoke-Kapitalismus. Fitness und Sexappeal für das Business von morgen.* Redline 2005

Röthlingshöfer, Bernd: *Werbung mit kleinem Budget. Der Ratgeber für Existenzgründer und Unternehmen: Der Ratgeber für Existenzgründer, kleine und mittlere Unternehmen.* Deutscher Taschenbuch Verlag, 2. Aufl. 2008

Schmidt, Thomas: *Kommunikationstrainings erfolgreich leiten. Der Seminarfahrplan.* managerSeminare, 8. Aufl. 2013

Siewert, Horst H.: *Teste deine Intelligenz!* Bechtermünz 1998

Urban, Dieter: *Kreativitätstechniken für Werbung und Design.* Econ 1994

Verra, Stefan: *Die Körpersprache im Verkauf. Überzeugend wirken- mitreisend kommunizieren.* Signum, 2. Aufl. 2007

Wallenwein, Gudrun F.: *Spiele: Der Punkt auf dem i. Kreative Übungen zum Lernen mit Spaß.* Beltz, 5. neu ausgestattete Aufl. 2003

Weidenmann, Bernd: *Handbuch Active Training. Die besten Methoden für lebendige Seminare.* Beltz, 2. erweiterte Aufl. 2008

Zanetti, Daniel: *Vom Know-how zum Do-how. Ein Buch für Macher.* Econ 2006

Persönlichkeit

Birkenbihl, Vera F.: *Stroh im Kopf? Vom Gehirn-Besitzer zum Gehirn-Benutzer.* mvg, 50. Aufl. 2010

Förster, Anja; Kreuz, Peter: *Alles, außer gewöhnlich. Provokative Ideen für Manager, Märkte, Mitarbeiter.* Econ, 3. Aufl. 2007

Precht, Richard David: *Wer bin ich und wenn ja, wie viele? Eine philosophische Reise.* Goldmann, 26. Aufl. 2007

Tschiedl, Sigrid; Szeliga, Roman F.: *KommUNIKATion. Persönlichkeit wirkt einzigartig.* Verlagshaus der Ärzte 2011

Rhetorik/Kommunikation

Beermann, Susanne; Schubach, Monika; Tornow, Ortrud: *Spiele für Workshops und Seminare.* Haufe-Lexware 2013

Buchacher, Walter; Wimmer, Josef: *Das Seminar. Wirksam vortrage und lebendige Seminare gestalten.* Linde, 2006

Collett, Peter: *Ich sehe was, was du nicht sagst.* Bastei Lübbe, 4. Aufl. 2010

Gersbacher, Olaf: *Erfolgreich reden- besser überzeugen.* Compact 1999

Helmich, Peter; Richter, Kerstin: *50 Rollenspiele als Kommunikationstraining für das Arzt-Patienten- Gespräch.* Vas 2003

Hermann-Ruess, Anita: *Speak Limbic! Wirkungsvoll präsentieren. Präsentationen effektiv vorbereiten, überzeugend inszenieren und erfolgreich durchführen.* Business-village, 2. Aufl. 2009

Jay, Ros: *Überzeugend Präsentieren. Top- Tools für Führungskräfte.* Financial Times Prentice Hall 2001

Kellner, Oliver Alexander: *Showtime! Standing Ovations für Ihre Präsentation. Menschen begeistern, überzeugen und bewegen.* Redline 2005

Klein, Zamyat M.: *Kreative Seminarmethoden. 100 kreative Methoden für erfolgreiche Seminare.* Gabal, 7. Aufl. 2003

Koch, Axel: *Infotainment in Seminar und Präsentation.* ManagerSeminare 2004

Kusher, Malcolm: *Erfolgreich präsentieren für Dummies.* Wiley-VCH, 2. überarbeitete Aufl. 2005

Molcho, Samy: *Alles über Körpersprache. Sich selbst und andere besser verstehen.* Mosaik 2002

Mörtenhummer, Monika; Mörtenhummer, Harald: *Zitate im Management. Das Beste von Top Performern und Genies aus 2000 Jahren Weltwirtschaft.* Linde 2008

Pöhm, Matthias: *Kontern in Bildern. Schlagfertig antworten in Metapher.* Pöhm Seminarfactory 2006

Pöhm, Matthias: *Präsentieren Sie noch oder faszinieren Sie schon? Der Irrtum Power-point.* mvg 2006

Pöhm, Matthias: *Vergessen Sie alles über Rhetorik- Mitreißend reden- ein sprachliches Feuerwerk in Bildern.* Goldmann 2009

Rosenberg, Marshall B.: *Gewaltfreie Kommunikation. Eine Sprache des Lebens.* Junfermann 10. Aufl. 2012

Schimmel, Stefan: *Authentisch präsentieren. Natürlich wirken und inhaltlich bestechen bei Vortrag, Rede und Präsentation nach dem Intomedi-Prinzip.* Intomedia 2008

Schmettkamp, Michael: *Die perfekte Präsentation. Checklisten und Mustervorlagen auf CD*. Haufe-Lexware 2002

Schmidt, Lother: *Kurzzitate für Führungskräfte*. Ueberreuter Wirtschaftsverlag 2002

Schulz von Thun, Friedmann: *Miteinander reden. 1 Störungen und Klärungen. 2 Stile, Werte und Persönlichkeitsentwicklung. 3 Das innere Team und situationsgerechte Kommunikation. 3 Bände*. Rowohlt 2008

Seifert, Josef W.: *Visualisieren. Präsentieren. Moderieren. Der Klassiker*. Gabal, 33. Aufl. 2011

Topf, Cornelia: *Präsentations-Torpedos entschärfen: So überleben Sie persönliche Angriffe, Pannen, dumme Zwischenfragen und andere Störfaktoren*. Redline 2010

Wagner, Stefan: *Das intoMedia-Prinzip. Strategische Inszenierung von Image und Inhalt in den Massenmedien*, Verlag Jahr

Watzlawick, Paul: *Menschliche Kommunikation. Formen, Störungen, Paradoxien*. Huber, 12. Aufl. 2011

Literatur im Netz

Alle Links wurden zum Zeitpunkt der Drucklegung überprüft. Der Autor identifiziert sich nicht mit den kommunizierten Inhalten der angeführten Webseiten, übernimmt keinerlei Gewähr für die Relevanz, Aktualität, Korrektheit, Vollständigkeit oder Qualität der bereitgestellten Informationen oder Funktionalität der bereitgestellten Dienste. Haftungsansprüche gegen den Autor, die sich auf Schäden materieller oder ideeller Art beziehen, welche durch die Nutzung oder Nichtnutzung der dargebotenen Informationen oder Funktionalität der bereitgestellten Dienste bzw. durch die Nutzung fehlerhafter und unvollständiger Informationen oder Funktionalität der bereitgestellten Dienste verursacht wurden, sind grundsätzlich ausgeschlossen.

Artikel

http://weblog.careesma.at/2012/06/jobtest-spass-im-beruf/

http://motivationalmagic.wordpress.com/2011/12/13/ humourous-statements-that-make-you-wonder-laugh-or-make-you-say-ouch/

http://www.youtube.com/watch?v=SG6cFQRyR-I#t=14

http://www.fr-online.de/wissenschaft/humorstile-fiese-sprueche-schaden-der-gesundheit,1472788,11485502.html

http://de.yourwebsite.com/tag/patch+adams/

http://www.stuttgarter-nachrichten.de/gallery.selten-so-gelachtdie-besten-aprilscherze-aller-zeiten-param-1-0-0-13-false.ec351da8-049a-42a1-b8f9-dd5c9897d4ad.html

http://www.titel-kaufen.de/

http://www.meldestellefuergluecksmomente.at/idee.php

http://www.4dimensions.at/

http://www.ifeg.at/

http://www.gebruederstitch.at/2012/09/2799/

http://www.hauckundbauer.blogspot.de/

http://www.happiness-institut.de/

http://www.hotelier.de/news/jobs/jobnews/44262/Happiness-Institut-Umfrage-Wer-lacht-ist-im-Job-entspannter

http://www.thefuntheory.com/

http://www.studis-online.de/Studieren/Lernen/selbstmotivation.php

http://www.focus.de/finanzen/karriere/management/fuehrungskompetenz/tid-9825/mitarbeiterfuehrung-iii-mit-vertrauen-motivieren_aid_298882.html

http://www.affenblog.de/101-motivierende-zitate-und-sprueche-fur-deinen-erfolg/

http://www.amazon.de/Unfug-Gedanken-seichten-Gew%C3%A4ssern-ebook/dp/B00993J80M/ref=tag_stp_s2_edpp_url#reader_B00993J80M

http://www.moinid.com/category/identity-ideas

http://www.youtube.com/watch?v=KQSZbQWuSKs&feature=youtube_gdata_player

http://himmelende.de/2012/05/26/deutschland-deine-wortzusammensetzungen/

http://sz-magazin.sueddeutsche.de/texte/bildergalerie/39527/1

Studien

Energie durch Anerkennung
http://de.kw-a.com/

GFK Jugendstudie 2013
2013http://www.gfk.com/at/Documents/presse/2013/Pressemeldungen%202013/GfK_PM_Erwartungen_Beruf.pdf

Gallup Studie Engagement Arbeitnehmer 50+
http://www.sueddeutsche.de/karriere/aeltere-arbeitnehmer-jeder-dritte-ueber-hat-innerlich-gekuendigt-1.1617743

Ehrenamtliche Tätigkeiten verringern depressive Gefühle BMC Public Health
http://www.everydayhealth.com/depression/how-volunteering-can-lessen-depression-and-extend-your-life.aspx

Fredrickson, University of Chapel Hill, North Carolina USA
Die Macht der guten Gefühle – wie eine positive Haltung ihr Leben dauerhaft
verändert / Campus 2011
http://www.laughterremedy.com/
http://www.humorresearch.org/Societies_Conferences.html

und weiter über den Link: ISHS-Website The International Society for Humor
Studies
http://www.arztmithumor.de/
http://www.humorinstitut.de/humorforschung.html

Dr. Roman F. Szeliga ist ein kreativer Tausendsassa: Er ist Kommu-nikationsprofi, Arzt und Manager, Seminarleiter, Vortragender und Autor. Die Klammer, die all das zusammenhält, ist der Humor: als so-ziale Kompetenz, die in der Lage ist, Menschen zu motivieren, zu be-geistern und zu führen. Davon konnte der empathische Mediziner und mitreißender Bühnenprofi in unzähligen Vorträgen, Seminaren und Moderationen schon 100.000 Menschen und mehr als 250 führende Unternehmen aus dem gesamten deutschsprachigen Raum überzeu-gen. Er ist Mitbegründer der CliniClowns, einer der begeisterndsten Humorbotschafter unserer Zeit und wurde 2013 zum Top Speaker of the Year gewählt. Seine Kompetenz spricht aus dem Herzen.

Er ist überzeugt: »Humor und Leichtigkeit sind selten geworden in unserer bewegten Zeit, dabei sind sie eine der wichtigsten Erfolgs- und Glücksfaktoren. Humor und ehrliche, sichtbare Freude sind der Ener-gy Riegel für unsere Seele. Sie halten uns gesund, erzeugen Sympathie und machen uns unwiderstehlich. Glauben Sie mir, – ich bin Arzt!« ☺

Dr. Roman Szeliga, – ein Meister der ansteckenden Begeisterung!

Alle Infos zu Buchung, öffentlichen Auftritten, zu seinen Vorträgen, Seminaren und Workshops und vieles mehr finden Sie rund um die Uhr auf *www.roman-szeliga.com*

Immer frisch, frech und total gesund seine Facebookseite:
https://www.facebook.com/roman.szeliga